Enterprise Value
and Assets Evaluation

企业价值与资产评估

主　编◎李　贤
副主编◎赵　妍

中国经济出版社
CHINA ECONOMIC PUBLISHING HOUSE
北京

图书在版编目（CIP）数据

企业价值与资产评估 / 李贤主编. -- 北京：中国经济出版社，2022.8
ISBN 978-7-5136-7078-4

Ⅰ.①企… Ⅱ.①李… Ⅲ.①企业-资产评估 Ⅳ.①F270

中国版本图书馆 CIP 数据核字（2022）第 160218 号

责任编辑　贺　静
责任印制　马小宾
封面设计　久品轩

出版发行	中国经济出版社
印 刷 者	河北宝昌佳彩印刷有限公司
经 销 者	各地新华书店
开　　本	710mm×1000mm　1/16
印　　张	19.25
字　　数	248 千字
版　　次	2022 年 8 月第 1 版
印　　次	2022 年 8 月第 1 次
定　　价	69.00 元

广告经营许可证　京西工商广字第 8179 号

中国经济出版社 网址 www.economyph.com 社址 北京市东城区安定门外大街 58 号 邮编 100011
本版图书如存在印装质量问题，请与本社销售中心联系调换（联系电话：010-57512564）

版权所有　盗版必究（举报电话：010-57512600）
国家版权局反盗版举报中心（举报电话：12390）　　服务热线：010-57512564

前言

资产评估是市场经济条件下资产交易和相关资产业务顺利进行的基础,是我国社会主义市场经济体系的重要组成部分。企业是社会生产的基本元素,其价值评估是传统资产评估领域的延伸。现代经济与金融市场的发展与复杂化,对企业价值的评估提出了更高的挑战,要求评估者具备更扎实的理论基础与更全面的分析能力。因此,我们在多年教学和实践经验的基础上,结合当前企业价值评估领域的最新研究成果和实践动态,对资产和企业价值评估的相关理论与方法进行了梳理,将全书分为十一章。

第一至第四章为理论阐述部分,对企业价值与资产评估进行概述,并介绍了价值与资产评估基础理论、企业资产评估程序以及在估值中需要考虑的因素,可以为后续的企业价值评估分析提供理论基础。

第五至第九章在对资产评估基本方法与理论进行阐述的基础上,系统介绍了PE、PB和PS等相对估值法和DDM与EVA、FCFF与FCFE等绝对估值法,以及方法背后的机理、相关指标和实际运用。

第十至第十一章提供了绝对估值法和相对估值法的相关案例,旨在为读者提供企业价值评估理论与操作相结合的实践范例。

其中,第一章由李贤编写,第二章由徐曼芸编写,第三章由周易编写，第四章由秦嘉颖编写，第五章由蔡沐言编写，第六章由李凯编写，第七章由邢晋嘉编写，第八章由王苑卉编写，第九章由郭春晓编写，第十章、第十一章由赵妍编写。全书由李贤构思、统纲、总纂，由赵妍负责校对和定稿。

  全书在设计上遵循理论基础—分析方法—案例实践的学习逻辑，注重对估值能力的全面培养。本书从估值的基础理论出发，结合当前企业价值评估领域的现实需求和创新发展，较为全面地介绍了相关内容。本书既可作为高等院校财经类研究生的专业课教材，又可作为高年级本科生的专业教材。

李 贤

2022 年春

第一章
企业价值与资产评估概述

第一节 资产评估及相关概念 // 3

第二节 企业价值概述 // 10

第二章
价值与资产评估基础理论

第一节 劳动价值论与价值 // 19

第二节 效用价值论与价值 // 24

第三节 供求理论与价值 // 30

第四节 市场结构理论与价值 // 38

第五节 有效市场理论与价值 // 48

第六节 现金流与价值 // 53

第七节 流动性与价值 // 58

第三章
企业资产评估程序

第一节　企业资产评估程序概述// 63

第二节　开展现场调查// 68

第三节　签订资产评估业务委托合同// 73

第四节　评估资料的收集与整理// 81

第五节　社会及市场调研// 87

第六节　出具资产评估报告// 90

第四章
估值中需要考虑的因素

第一节　外部环境因素// 95

第二节　行业因素// 100

第三节　人力资源因素// 110

第四节　营销因素// 114

第五节　经济周期分析// 116

第五章
资产评估方法概述

第一节　成本法——重置成本法// 121

第二节　市场法// 130

第三节　收益法// 136

第六章
PE、PB 和 PS 估值法

第一节　市盈率（PE）估值法 // 152

第二节　市净率（PB）估值法 // 163

第三节　市销率（PS）估值法 // 169

第七章
其他相对估值法

第一节　PEG 估值法 // 177

第二节　EV/EBITDA 倍数估值法 // 182

第三节　RNAV 估值法 // 191

第四节　EV/sales 估值法 // 193

第八章
DDM 与 EVA

第一节　股利折现模型 // 199

第二节　基于 EVA 的企业价值评估 // 206

第九章
FCFF 和 FCFE

第一节　自由现金流估值简介 // 221

第二节　自由现金流 // 223

第三节　自由现金流估值 // 247

第四节　现金流估值模型的应用 // 251

第十章
绝对估值法估值案例

第一节　报告的基本格式// 257
第二节　比亚迪的绝对估值案例// 260

第十一章
相对估值法估值案例

第一节　长城汽车的市销率估值案例// 285
第二节　比亚迪的 EV/EBITDA 估值案例// 291

参考文献// 295

第一章

企业价值与资产评估概述

在中国资本市场充分发展之前,中国企业缺乏有效的定价机制,资产评估通常基于企业的净资产进行,企业的股权或资产在转让过程中难以取得与企业价值相符的价格。而在资本市场上,企业价值主要由其未来盈利能力决定,未来盈利能力越强,产生的现金流越大,企业价值就越高,由此确定的企业价值往往数倍甚至数十倍于企业净资产。中国资本市场的发展促进了中国企业的价格发现和价值重估,中国的资产评估过渡到了企业价值评估的新时代。

第一节　资产评估及相关概念

传统资产评估由成本法主导，目前正加速迈入由收益法主导的现代资产评估时代。在这一进程中，资产评估、企业价值评估和审计常常让公众无法准确区分。事实上，资产评估、企业价值评估和审计是联系非常紧密的概念，在实践中也有着极为密切的联系，因而本节首先厘清这几个概念的区别与联系。

一、资产评估

（一）概念与发展

1. 定义

资产评估，即资产价值形态的评估，是指专门的机构或专门评估人员，遵循法定或公允的标准和程序，运用科学的方法，以货币作为计算权益的统一尺度，对在一定时点上的资产进行评定估算的行为。《中华人民共和国资产评估法》已由中华人民共和国第十二届全国人民代表大会常务委员会第二十一次会议于2016年7月2日通过。

2. 资产评估的发展

资产评估是随着市场经济的发展而衍生的专门性活动，出于对特定类别的动产、不动产、知识产权以及企业价值进行价值评估的需要，从20世纪80年代起我国陆续出现了专门从事资产评估工作的专业人员，但最初的资产评估活动多集中在单一资产评估。即便是整体的企业资产评估，就评估方法而言，也多是把单项资产评估进行简单加总。在较长时间里，中国多是这类传统资产评估。随着中国资本市场的发展和需要，资产评估开始与国际接轨，较多地从企业整体价值的角度进行评估。

（二）资产评估的要素

1. 资产评估主体

资产评估主体是指资产评估业务的承担者，即从事资产评估的机构与专业评估人员。在国外，资产评估机构可以分为两类：①专业化的资产评估公司；②兼营资产评估业务的各类财务咨询公司、会计师事务所、审计事务所。

我国主要有三类评估机构：①专项资产评估机构。②专营资产评估机构。③兼营性质的资产评估机构。资产评估机构中的资产评估人员必须拥有广博的知识、与资产评估相关的丰富的实践经验、良好的职业道德，还需要经过严格的考试或考核。

2. 资产评估客体

资产评估客体是指资产评估的具体对象，客户委托评估的资产就是资产评估的客体。

3. 资产评估的依据

资产评估的客观性和公信力取决于其评估的依据，因而其依据一般强调客观性，主要由四方面组成：一是与资产评估相关的法律、法规；二是反映资产评估经济行为的文件；三是与被评估资产相关的重大合同协议；四是与被评估资产有关的取费标准和其他参考资料。

二、资产评估与审计

(一) 资产评估与审计的联系

公众通常认为资产评估和审计是截然不同的两个领域,实际上,资产评估与审计无论是理论上还是实践中都存在较多的联系。主要表现在以下三个方面:

1. 存在相同的理论和操作体系

资产评估和审计会涉及许多相似的理论方法,在实践中会使用共同的操作方式。一方面,资产评估中的流动资产及企业负债的评估有相当部分须借鉴审计的理论和方法进行。另一方面,审计机构在审计时,也会采用需求资产评估的理论方法,使用公允价值测试资产价值,并据以计提资产减值准备或确定公允价值变动损益等。

2. 使用同样的技术方法

会计资产计价是审计审核的一个重要方面,而会计资产计价与资产评估有着紧密的联系。审计审核会计资产计价时也要大量运用资产评估技术和方法,审计运用评估技术进行工作使得审计与资产评估的关系更加密切。此外,资产评估机构在进行评估作价时,一般会采用与审计相似的方法,如监盘、函证、抽样、测试等。在资产清查阶段采用的工作方法,包括对委托方申报的评估对象进行核实和界定,有相当部分工作采用了审计的方法,具有事实判断的性质。

3. 相互利用彼此的数据和评估结果

资产评估报告经常使用审计的数据,审计报告也经常利用资产评估的数据。审计常运用资产评估的结果,如固定资产、存货等实物资产,商标权、专利权等无形资产,股票投资等权益性资产,其实际价值在审计时是根据资产评估的价值而确定的。资产评估在采用资产基础法评估企业的整体价值时,经审计后的企业财务报表及相关数据可以作为企业价值评估的基础数据。经审计负责查验核实后的各资产项目具体数额具有合理性、真实性和权威性，资产评估时利用审计结果具有公正性。

（二）资产评估与审计的区别

尽管资产评估与审计联系较多，但审计与资产评估相比，在对象、职能、规范、管理等方面都有着明显的区别，各有着特殊的、专业化的特征。

1. 业务对象不同

审计的对象主要是财务资料以及其他经济信息所反映的经济活动，如所反映的会计、财务收支和关联的经济活动。而资产评估的对象则主要是资产的所有权或所有者权益，作为评估对象的资产包括两个方面：一是资产主体控制的资产的物质实体，二是资产主体基于物质实体而享有的经济上的合法权益。

2. 职能与性质不同

审计内容既包括检查会计账目，又包括对计算行为及所有的经济活动进行实地考察、调查、分析、检验，是独立于财会部门之外的专职监督检查，是监督管理活动的关键一环，旨在对企业财务报表所反映的企业财务状况和经营成果的真实性和公允性做出事实判断，发表专业意见，发挥鉴证作用，具有法律效力，具有明显的独立性、公正性和权威性等特征。而资产评估的基本职能是评估和咨询，更多的是站在第三方的角度开展活动，具有明显的市场性、公正性、专业性和咨询性等特征。

3. 原则不同

审计人员贯彻的是公正、防护和建设三大专业原则。而资产评估人员在执业过程中必须遵循独立、客观公正、科学的工作原则，但也受到供求、替代、贡献、预期等基本经济原则的指引。

4. 基本要素不同

任何审计都具有三个基本要素,即审计主体、审计客体和审计授权。审计主体,是指审计行为的执行者,即审计机构和审计人员,为审计第一关系人;审计客体,是指审计行为的接受者,即被审计的资产代管或经营者,为审计第二关系人;审计授权或委托人,是指依法授权或委托审计主体行使审计职责的单位或人员,为审计第三关系人。

而资产评估作为一种评价过程,涉及的基本评估要素有八个:资产评估的主体、资产评估的客体、资产评估的目的、资产评估的标准、资产评估的程序、资产评估的方法、资产评估的基准日、资产评估的价值类型。资产评估的主体,即进行资产评估的专业人员和机构;资产评估的客体,即被评估的对象;资产评估的目的,即需要进行资产评估的原因;资产评估的标准,即资产评估依据的价格、技术等标准;资产评估的程序,即资产评估具体进行的环节、步骤;资产评估的方法,即评估运用的符合国家规定的各种专门的方法;资产评估的基准日,即评估时所依据的时点;资产评估的价值类型,即评估时所认定的资产的价值属性。

5. 所需专业知识不同

审计工作以会计学、税法及其他经济法规等为专业知识基础。而资产评估所需的专业知识更具有综合性特征。资产评估的专业知识基础除了由经济学、法学、会计学等专业知识组成外,还包括工程技术方面的知识。评估人员在实践中不仅要懂得注册会计师的全部知识,能够阅读、理解、分析并整理账户记录的信息资料,而且要具备系统、全面的资产评估专业知识体系。资产评估实务一般分为机器设备、房地产、无形资产、企业整体评估等项业务,分别由掌握不同专业知识的评估师承担,充分体现出评估业务的专业性。

三、企业价值评估

（一）企业价值评估的定义

企业价值评估，是指注册资产评估师对评估基准日特定目的下企业整体价值、股东全部权益价值或部分权益价值进行分析，估算并发表专业意见及撰写报告书的行为和过程。企业价值评估是将一个企业作为一个有机整体，依据其拥有或占有的全部资产状况和整体获利能力，充分考虑影响企业获利能力的各种因素，结合企业所处的宏观经济环境及行业背景，对企业整体公允市场价值进行的综合性评估。

（二）企业价值评估的意义

企业价值评估在企业经营决策中极其重要。企业财务管理的目标是企业价值最大化，企业的各项经营决策是否可行，必须看这一决策是否有利于增加企业价值。在现实经济生活中，往往出现把企业作为一个整体进行转让、合并等情况，如企业兼并、购买、出售、重组联营、股份经营、合资合作经营、担保等，都涉及企业整体价值的评估问题。在这种情况下，要对整个企业的价值进行评估，以便确定合资或转卖的价格。然而，企业的价值，或者说购买价格，绝不是简单地由各单项经公允评估后的资产价值和债务相加得到的代数和。因为人们买卖或兼并企业的目的是通过经营这个企业来获取收益，决定企业价格大小的因素相当多，其中最基本的是企业利用自有的资产去获取利润能力的大小。所以，企业价值评估并不是对企业各项资产的评估，而是一种对企业资产综合体的整体性、动态的价值评估。而企业资产评估则是指对企业某项资产或某几项资产的价值的评估，是一种局部的和静态的评估。

（三）企业价值评估与单项资产评估的对比

1. 含义不同

单项资产评估，是一种静态的反映方法，只单独评估企业的单项资产。即便进行整体资产评估，也是单项评估企业资产的简单相加。企业价值评估则是将企业整体作为评估对象，是一种动态的反映方法。

2. 价值不相等

美国价值评估理论专家科纳尔认为，企业的价值不仅反映资产的重置成本，而且必须包括十分重要的组织成本，即企业价值＝资产重置成本＋组织成本。

3. 受资产收益率影响不同

如果企业的资产收益率与社会平均资产收益率相同，则单项资产评估汇总确定的企业资产评估值应与整体资产评估值趋于一致；如果企业资产收益率低于社会（或行业）平均资产收益率，单项资产评估汇总确定的企业资产评估值就会比整体企业评估值高；如果企业资产收益率高于社会（或行业）平均收益率，整体企业评估值则会高于单项企业评估汇总的价值。

第二节　企业价值概述

确定企业价值在现代资产评估中有着极为重要的意义，是当前有效开展资产评估活动的前提和基础。但要想深入认识企业价值，仅从财务分析的角度研究是远远不够的，还需要从研究价值的来源开始，站在投资、管理等创造价值的视角进行思考。

一、引入企业价值的意义

（一）对于企业的意义

传统资产评估主要适用于企业清算、资产出售等少数目的，运用空间相对有限。而引入企业价值之后的现代企业价值评估，虽然还是打着资产评估的名号，但本质上已经不同于传统资产评估，是全面适用于设立公司、企业改制、股票发行上市、股权转让、企业兼并、收购或分立、联营、组建集团、中外合作、合资、租赁、承包、融资、抵押贷款、法律诉讼、破产清算等目的的整体资产评估。

（二）对于个人的意义

在个人投资中，将重点放在对企业价值的分析和认定方面，属于价值投资的核心思想，就长期而言，也是适用于大多数个人投资者的方法。格雷厄姆的价值投资方法出现以后，在投资教学中取代了传统的技术分析等方法，成为教学和实践中的重点。该方法涉及关于企业价值的

理论基础:

(1) 任何一种资产都有内在价值,其等于该资产未来预期收益现金流量的现值。

(2) 市场价格和内在价值常常不相等,也就是资产的价格将被误定。

(3) 任何能够带来收益的资产都可以表现为三种变量的函数:现金流量产生的多少、现金流量产生的预计期限以及与产生现金流量相关的风险程度。

我们可以通过折现现金流量模型来综合考虑这三个变量,通过计算企业资产在其生命周期内预计产生的现金流量的净现值来计算该资产的价值。企业价值方法明确地表明了企业的经营风险和财务风险,使投资者能够判断投资回报的数量和回报的持续性,揭示了价值创造的三个基本原则,即现金流量、风险和回报的持续性。

二、企业价值

(一) 定义

1. 传统的企业价值定义

企业价值是该企业预期自由现金流量以贴现率折现的现值,它与企业的财务决策密切相关,体现了企业资金的时间价值、风险以及持续发展能力。

2. 扩大到管理学领域的定义

扩大到管理学领域,企业价值可定义为企业遵循价值规律,通过以价值为核心的管理,使所有与企业利益相关者(包括股东、债权人、管理者、普通员工、政府等)均能获得满意回报的能力。显然,企业的价值越高,企业给予其利益相关者回报的能力就越强。而这个价值是可以通过其经济定义加以计量的。

（二）从投资及管理过程来看价值的来源

投资是指经济主体为获取预期收益而投入一定量货币或其他经济要素，以形成资产的经济行为。其中，资产是价值的凝结和外在表现形式。而要形成价值，按照投资的定义就要投入特定的经济要素，这些经济要素的投入，就是价值的来源。投入要素主要可以分为三代：

（1）第一代投入要素：资金、土地、机器设备、原材料、劳动力等。

（2）第二代投入要素：商标、品牌、专利、技术等。

（3）第三代投入要素：企业家资源。

（三）企业价值与清算价值

在学习企业价值时，还要区分企业价值和清算价值，两者有较大的区别。企业价值是指持续经营企业的价值，这种企业价值与企业在清算时的价值完全不同。相对来说，企业价值是动态的，而企业清算时的价值是静态的。

1. 企业价值是动态的

根据企业价值的定义，只有能够带来自由现金流的持续经营中的企业才能给各种利益相关者以回报，而能使这种回报超过一个必要的水平（即机会成本）的企业才被认为是在创造价值。反之，如果低于这个水平，则是在减损价值，将产生股东卖掉股票、债权人不再贷款给企业、管理者另觅高枝等一系列后果。

2. 清算价值是静态的

清算时的企业已经不能创造持续的收益，不能满足各利益方所要求的基本回报。这种价值对提高企业的管理水平不具有指导意义。

从这个角度看，企业价值比静态的清算价值更有意义。因此，研究什么样的企业在创造价值、如何提升企业价值、如何在企业管理中运用企业价值理论，都应以持续经营中的企业为样本。

(四) 企业价值与利润

从某种意义上说,利润也是企业价值的一种体现,因为利润来自现金流量,从这一角度来看,我们甚至可以说企业的长期利润与其现金流量在一定程度上具有一致性。但是企业价值是一种比利润更科学的企业评价指标,尤其是相对于短期利润,其优越性更是显而易见。

利润作为一种度量企业业绩的目标函数,之所以能在历史上沿用如此之久,是因为它在某种程度上可以反映企业的经营状况。比如说,当企业的长期利润反映现金流量时以及当企业的资本投资很少时,企业确实可以将它作为衡量价值的指标。

但随着经济社会的发展,资本成本越来越受到重视,资本市场越来越看重企业未来获利的能力,这使得企业短期利润的作用受到质疑。特别是一些可以轻易改变表面利润的会计技巧的普遍应用,更使短期利润的意义变得渺小。

此外,利润作为价值评价指标,存在一定的缺陷,主要有如下几方面。

1. 利润不能反映资本成本

在过去相当长的一段时间里,人们一直认为股东的投资是免费的,并不需要类似债务利息一类的成本。现在,人们终于认识到,股东的投资同样是有成本的。当企业的利润不足以弥补其资本成本时,这个企业实际上是在侵蚀股东的财富。

企业价值理论认为,企业的会计利润减去其资本成本,才能反映企业真实增值水平,并将其称为经济利润。资本成本反映了企业索偿权拥有者的权益,现代企业要想满足其契约各方的索偿权,就应以企业价值而非利润作为衡量企业绩效的首要指标。

2. 传统会计利润的计量方法存在缺陷

在传统会计利润的计量中,产品研发和培训等开支均被作为费用予以扣除，使得那些以利润为核心的企业为了追求短期的利润目标，宁愿减少能够带来长远利益的培训开支，这与现代企业的经营理念背道而驰。

相反，在企业价值理论中，培训这些能够增加未来收益的开支可以被视为能使企业增值的长期投资，所以以企业价值作为目标函数的企业不会以削减此类支出为代价来换取某一期会计利润的增加。这使企业的经营行为和企业的长远利益保持一致。

3. 会计利润的大小容易被企业管理者操纵

许多会计技巧的使用都可以轻而易举地改变会计利润，使得利润数字本身的价值受到贬损。比如，在冲减原材料成本时，使用"先进先出"法和使用"后进先出"法得到的利润数值有很大的差别，特别是在高通货膨胀时期，这种差别尤其明显。

（五）企业价值与企业市场价值

1. 企业价值决定企业的股票价值

一般认为，企业的整体价值由其股权资本价值和债务价值两部分组成。由于在股权资本中，优先股占的比例很小，为了研究方便，我们可将企业的股权资本价值简化为普通股价值。

而对于债务来说，在利率风险和违约风险较小的情况下，其市场价格的波动也很小。所以我们可以认为，在企业的资本结构不变的前提下，企业的整体价值越大，其股权资本的价值就越大，其股票价值也就越高。由此可见，股票价值是由企业价值决定的。

2. 股票价值决定股票价格

在证券市场上，股票价格是各方关注的焦点，因为股票价格体现了股东财富。另外，股票价格实际上是投资者对企业未来收益的预期，是市场对企业股票价值做出的估计。

根据市场的有效性假设，在市场强式有效时，投资者掌握完全信息，其对企业未来收益的预期与企业的实际情况完全相符，他们只会以与股票价值相等的价格买卖股票，此时，股票的价格与其价值相等。因此，在理想市场中，股票价格由股票的价值决定。当然，在现实经济生活中，理想市场是一种理想的状态，但是，股票的价格总是围绕其价值波动。当股票价格高于价值时，投资者就会卖掉股票，使其价格趋向于价值；反之，当股票价格低于价值时，投资者就会买进股票，使其价格趋向于价值。

企业价值决定股票价值，而股票价值决定股票价格，所以企业价值决定了企业的股票价格，即企业市场价值。这个结论的意义在于，企业价值不仅仅停留于投资银行家的估算，而且有了一个市场的定位。对于管理者而言，其是否为企业创造了价值，也可以在市场上得到检验。

（六）企业价值标准被广泛应用

目前，世界知名的投资银行几乎都以企业价值或与价值相关的指标作为评价企业及其股票的主要依据。两家最著名的投资银行高盛公司和瑞士信贷第一波士顿银行都非常重视企业价值指标。

高盛公司认为，每股盈余、股本回报等以会计数字为依据的指标可以通过会计做账手法来控制，这些传统评估方法仅包括债务成本，而不包括股本成本……关注企业价值可以提高财务分析水平、改进企业管理。

瑞士信贷第一波士顿银行也做过类似的论述：每股盈余可以通过会计手段来操纵，这一指标不能清楚地解释决定价值的各种变量，如经济利润和企业竞争优势。

一些成功的投资分析家和基金管理人也从不重视原始的会计数据，他们一般通过对企业原始数据的深入分析来判断企业的价值。例如，沃伦·巴菲特最喜欢研究公司年报中的会计花招，他要的不是表面的利润，而是调整和清除人为因素之后得到的修正后的数据，比如自由现金流量。这些分析家的分析方法实际上都是基于企业价值思想的。

以自由现金流量为考评指标,并综合考虑企业资本成本和企业存续能力,可以实现对企业价值的管理,这种管理明确了企业的长期利益,决定了企业战略资源的分配流向,有效控制了企业成员的行为模式,增强了企业适应和影响环境的能力。

■复习思考题

1. 简述资产评估和审计的联系与差异。
2. 简述资产评估和企业价值评估的联系与差异。
3. 企业价值的来源有哪些?
4. 简述传统资产评估和现代资产评估的差异。

第二章

价值与资产评估基础理论

　　价值与资产评估基础理论涉及劳动价值论、效用价值论、供求理论、市场结构理论、有效市场理论、现金流及流动性七个部分，理论学习是理解企业价值的基础步骤。本章内容主要包括上述七个理论的基础概念和主要内容介绍，以及相关理论的案例思考，旨在为后续深入学习企业价值与资产评估提供方法论指导。

第一节 劳动价值论与价值

劳动价值论是阐明商品价值取决于无差别的一般人类劳动的理论。劳动价值论认为，价值实体是客观的，衡量价值的尺度也是客观的。因此，劳动价值论又被称为客观价值论。成本法的价值评估思路就是在劳动价值论基础上形成的。

一、劳动价值论的起源与发展

关于劳动价值论的起源与发展如表2-1所示。

表2-1 劳动价值论的起源与发展

时间	代表学者		主要观点
17世纪	威廉·配第	《赋税论》	1. 商品价值的源泉归于劳动； 2. 商品价值量的大小以劳动生产率为转移，劳动生产率的高低与商品价值量成反比
18—19世纪	亚当·斯密	《国富论》	区分了使用价值和价值，指出劳动是衡量一切商品交换价值的真实尺度，提出三种价值决定理论： 1. 商品价值量由生产商品所耗费的劳动决定； 2. 决定商品价值的劳动是该商品在交换中购买到的劳动； 3. 三重收入决定商品价值，构成真实价格的各部分，即商品价值由工资、利润及地租三部构成
	大卫·李嘉图		劳动决定价值，劳动包括活劳动和物化劳动；其明确指出商品价值量与耗费劳动量成正比，与劳动生产率成反比，并把复杂劳动归结于倍加的简单劳动

续表

时间	代表学者	主要观点
18—19世纪	卡尔·马克思	1. 商品的价值是由凝结在商品中的无差别人类劳动决定的； 2. 确定了劳动的二重性及商品的二因素； 3. 商品价值量与社会必要劳动时间成正比，与劳动生产率成反比
21世纪		中国特色社会主义立足于中国的基本国情，发展进步的前提仍然是人的劳动，其特色来源于"人"与"生产资料"相结合的特殊方式。党的十七大提出，逐步提高居民收入在国民收入分配中的比重，提高劳动报酬在初次分配中的比重，正是劳动价值论在中国特色社会主义社会中的生动再现。随着社会主义市场经济的不断完善，脑力劳动和科学技术在生产过程中的地位越来越重要，管理部门成为价值创造中的重要部分，科学技术在价值创造中作用越来越大，科教兴国和人才强国战略相继贯彻落实。这些都是我国在马克思主义经济理论的指导下，逐步建立和完善社会主义市场经济体制的能动反映

二、商品的二因素与劳动的二重性（抽象劳动形成价值）

（一）商品的二因素

商品是用来交换的能够满足人们某种需要的劳动产品，具有价值和使用价值。

（1）价值：凝结在商品中的无差别的一般人类劳动，即人类脑力和体力的耗费。价值是商品特有的社会属性。价值决定交换价值。

（2）使用价值：商品能满足人们某种需要的属性，即商品的有用性，是商品的自然属性，是一切劳动产品共有的属性。

有价值的一定是商品，有使用价值的不一定是商品。

（二）劳动的二重性

生产商品的劳动可分为具体劳动和抽象劳动。

（1）具体劳动：是指生产一定使用价值的具体形式的劳动，即有用劳动。

（2）抽象劳动：是指无差别的一般人类劳动，即人的体力和脑力的消耗。

具体劳动和抽象劳动是同一劳动的两种规定。劳动的二重性决定了商品的二因素。具体劳动形成商品的使用价值，但不是使用价值的唯一源泉。抽象劳动形成商品的价值实体，是价值的唯一源泉。

三、价值的质和量（价值量由社会必要劳动时间决定）

决定商品价值量的，不是生产商品的个别劳动时间，而是社会必要劳动时间，社会必要劳动时间是指在现有的社会正常生产条件下，在社会的平均熟练程度和劳动强度下制造某种使用价值所需要的时间。商品的价值量与生产商品所耗费的劳动时间成正比，与劳动生产率成反比。同一社会必要劳动时间内创造的价值量是相同的，就单位商品的价值量而言，生产的产品数量越多，则单位商品生产所需要的社会必要劳动时间就越少，单位商品的价值量也就越少。

影响劳动生产率的因素：劳动者的平均熟练程度、科学技术的发展程度及其在生产过程中的应用、生产过程中的社会结合、生产资料的规模和效能、自然条件等。

价值总量的公式为：

$$价值量 \times 使用价值 = 价值总量$$

商品价值量是以简单劳动为尺度计算的，复杂劳动等于自乘的或多倍的简单劳动。

四、价值形式的发展及货币的起源

商品的交换是以货币为媒介的，货币是在长期交换过程中形成的固定地充当一般等价物的商品。

货币的职能一般有：价值尺度、流通手段（基本职能）、贮藏手段、支付手段、世界货币。

商品流通的公式：商品—货币—商品。

五、商品经济的基本矛盾

（一）基本内容和客观要求

（1）商品的价值量由生产商品的社会必要劳动时间决定。

（2）商品交换以价值量为基础。

（3）按照等价交换原则进行。

（二）表现形式

价值规律的表现形式是商品的价格围绕价值自发波动。

（三）价值规律产生的消极后果

（1）可能导致垄断的发生，阻碍技术进步。

（2）可能引发商品生产者两极分化。

（3）价值规律自发调节社会资源，可能出现比例失调状况，造成社会资源浪费。

六、劳动价值论与价值——重置成本估值

从马克思的劳动价值论可以分析出资产评估中成本法的理论依据。马克思的劳动价值论认为，商品价值是凝结在商品中无差别的人类劳动，它的价值量是由生产商品所花费的社会必要劳动时间决定的，而利润和成本价格是商品价值量的两个组成部分，所以商品的成本价格和商品的利润也是由社会必要劳动时间决定的。从马克思劳动价值论出发，资产的价值可以通过资产的重置成本获得，可以认为成本法的经济学基础就是马克思劳动价值论。

（一）重置成本法的概念

重置成本法也称成本法，是指在资产评估时按被评估资产的现时重置成本扣除其各项损耗来确定被评估资产价值的方法。就是将在现实条件下重新购置或建造一个全新状态的评估对象所需的全部成本减去评估对象的实体性陈旧贬值、功能性陈旧贬值和经济性陈旧贬值后的差额，作为评估对象的现实价值。重置成本法的计算公式为：

评估资产的价值 = 重置成本 - 累计应计损耗

评估资产的价值 = 重置成本 - 有形损耗 - 无形损耗（功能性损

耗+经济性损耗)

通过成本法的定义和公式可知，被评估对象是非全新的资产时，资产的评估价值就是资产的重置成本与各种贬值之差，而被评估对象是全新的资产时，资产的评估价值就是资产的重置成本。一般而言，资产的评估价值都是通过资产的重置成本获取的。

(二) 重置成本法的不足

(1) 企业价值评估的物件是企业的整体资产，整体资产的价值并不是单项资产的简单相加，应当注意到各项资产之间协同效应产生的价值，资产不同的组合方式会产生不同效率。成本法在估值时没有将资产之间的协同效应考虑进去。

(2) 企业中的无形资产，如商誉、商标、口碑等，能够给企业带来直接或间接的经济效益，在评估时应当考虑在内，成本法不能很好地对这些因素进行衡量。

案例与思考2-1　可以用成本法估算茅台酒的价值吗？

按照重置成本法进行估值，理论上没有不可复制的企业，复制成本包括时间和人力及物力的投入，按照劳动价值论的核心观点，价值来源于劳动而且是无差别的人类劳动，因此以无差别劳动时间来度量重置成本则可以得到主要资产的重置价值。参考贵州茅台，如果用重置成本法进行估值，估算重新开一家与贵州茅台相同的公司需要的资金，能计算出公司价值相应的重置成本吗？显然是不太合理的，因为茅台公司酿酒需要地理环境、水质、气候等多方面因素，形成了一定行业壁垒和产权保护机制，也就是巴菲特所说的"护城河"，无法用成本法估算就是因为贵州茅台拥有经济商誉等无形资产。

第二节 效用价值论与价值

效用价值论是一种通过人对物品的主观评价来解释价值形成过程的经济理论，认为商品价值取决于商品给人带来的效用或满足感，因此又被称为主观价值论，其与劳动价值论相对立。价值评估中收益法的理论基础是效用价值论，其认为商品的价值取决于它的效用，是商品给消费者带来的主观效用，效用越大，价值越大。

一、效用价值论的发展过程

关于效用价值论发展过程如表2-2所示。

表2-2 效用价值论发展过程

时间	代表学者		主要观点
17世纪	巴尔本		商品的价值由效用决定，一切商品的价值来自商品的用途，没有用的东西是没有价值的
18世纪	加里安尼	《货币论》	物品的价值取决于其效用和稀缺性
		《商业与管理》	
	孔狄亚克	《商业与政府的相互关系》	价值取决于需要的强度和物品的稀缺性
	劳埃德等		用边际效用解释价值，认为价值是某物品交换其他物品的能力
19世纪上半叶	萨伊	《政治经济学概论》	效用是价值的基础，人们所赋予物品的价值，是由物品的用途而产生的，人们不会赋予无用之物价值

续表

时间	代表学者		主要观点
19世纪上半叶	戈森	戈森定理	1. 效用递减定理：随着物品占有量的增加，物品的效用是递减的。 2. 边际效用相等定理：在物品有限条件下，为使人的欲望得到最大满足，将相应物品在各种效用之间作适当分配，使人获得相等的满足。 3. 在原有欲望被满足的条件下，要取得更多享乐量，只有发现新享乐或扩充旧享乐
19世纪七八十年代（以边际效用为分析方法的价值理论体系）	杰文斯	《政治经济学数学理论通论》	随着一个人所消费的任一商品数量增加，各自所用的最后一部分商品的效用或福利在程度上是减少的，而价值是人们对物品最后效用程度的估价
	门格尔	《国民经济学原理》	商品的价值取决于人们对它的效用评价
	瓦尔拉斯		价值的起源应归于稀少性，即数量有限的物品对人们的有用性
	庞巴维克		1. 将价值正式定义为一件财货或各种财货对物主福利所具有的重要性。 2. 价值来源于物品的效用，即来源于物品满足人们欲望的能力。 3. 一切物品都有效用，但并非都具有价值。当物品只具有为人类利益服务的一般能力时，其只具有效用，没有价值。当物品不仅是满足人类需要的因素，而且是人类福利不可缺少的条件时，才有价值。总之，物品要有价值，必须既有效用，又有稀缺性

二、效用价值论的主要内容

效用是指商品或服务能够给人带来的满足程度。消费者是否具有消费欲望以及这种商品或服务是否具有满足消费者欲望的能力，决定了该商品或服务对消费者是否有效用。效用具有主观性质，不是商品或服务的固有性质，不同商品或服务为不同的消费者带来的效用是有差异的，其只有在与人的需要发生关系时才会产生。

（一）边际效用递减规律

1. 边际效用

边际效用是指消费者每增加一个单位的商品或服务消费，其所获得满足程度的增加。令效用函数为 $U(x_1, x_2, x_3, \cdots, x_n)$（对应商品或服务

$i = 1, 2, 3, \cdots, n$),其表示一定商品组合下的消费者效用,商品 i 的边际效用表示为 $MU = \dfrac{\partial u}{\partial x_i}$。

2. 边际效用递减规律

边际效用递减是指在一定时间内,在其他商品消费数量保持不变的情况下,当消费者增加某种商品的消费数量达到一定程度时,消费者增加每一单位该商品的消费所带来的满足感是递减的(见图 2 - 1)。

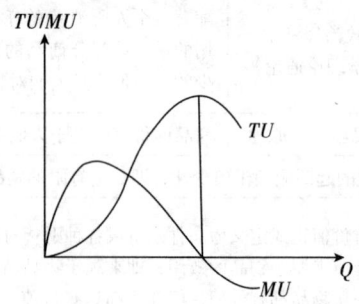

图 2 - 1　边际效用递减规律

3. 均衡与效用最大化

消费者效用最大化原则是指消费者选择最优的一种商品组合,使得自己花费在各种商品上的最后一元钱所带来的边际效用相等(即购买的各种商品的边际效用与价格之比相等),最后等于每一元货币带来的边际效用(λ,$0 < \lambda < 1$)。

给定消费者预算约束 Y 购买两种商品,P_1 与 P_2 分别为两种商品的价格,Q_1 与 Q_2 分别为两种商品的需求数量,MU_1 与 MU_2 分别为两种商品的边际效用,则消费者效用最大化的均衡条件为:

$$P_1 X_1 + P_2 X_2 = Y$$

$$\dfrac{MU_1}{P_1} = \dfrac{MU_2}{P_2} = \lambda$$

如果在购买最后一个商品时边际效用大于货币效用,则理智消费者会继续购买该商品,使得商品数量增加,边际效用减少,当 $\dfrac{MU}{P} = \lambda$ 时达到平衡，停止购买；反之，当购买最后一个商品边际效用小于货币边际效用时，理智消费者会减少购买该商品，使得商品数量减少，边际效用增加，直至平衡。

（二）效用价值论与商品价值

1. 商品价值的来源

根据效用价值论观点，价值不是商品的内在属性，而是人的主观评价形成的一种心理范畴，一切价值只不过是表明了某种关系，价值应分为主观价值和客观价值。

主观价值的根源在于物品的有用性和稀缺性。所有能够满足人们某种独特欲望的商品都具有效用，但是这并不代表这种商品具有价值。只有当商品的效用受到某种局限的时候，其价值才能被体现。也就是说，只有当商品出现稀缺的时候，才能够引起人们对它的渴望，价值的形成是建立在商品稀缺的基础上的。客观价值一般来讲是指一件物品实现某种客观结果的力量或能力。庞巴维克用"客观交换价值"一词指代物品在交换中的客观价值，即用它交换其他经济物品的数量。

2. 价值量的确定

由于物品的价值对于人类福利的重要性，物品的价值量必须是由决定这一商品的福利的量决定的。物品的价值量取决于人们对最后单位物品的主观评价，即最后单位物品能满足人边际欲望的大小。

物品的价值量不是由其最大效用或平均效用决定，而是由其边际效用（最小效用）决定。庞巴维克用反证法解释了这一观点，每一单位的物品都是同质的，其用途是可以相互交换的，如果物品损失了一个单位，放弃的必然是边际欲望的满足，所以损失了其中任何一单位物品，对物主的损失完全是一样的，都等于边际效用的损失。

3. 边际效用的决定

而边际效用的大小是由需求和供给的关系决定的。需要越广泛越强烈，边际效用就越高；需要越少越不迫切，边际效用就越低。有用性和稀缺性是决定物品价值的最终因素，有用程度既表示物品是否能对人类福利提供比较重要的服务，也表示（在极端情况下）边际效用可能达到的高度。而稀缺性则决定在具体情况下，边际效用实际达到的那一点。

4. 价值形成的基本规律

边际效用价值论认为，在个体经济中，人们对物品进行单独的主观估价。当单个的经济人在市场上相遇时，他们之间就发生了竞争，而竞争的结果就是制定出市场平均价格。在同一市场中，在信息对称的假定下，买卖双方对同质商品的竞价形成边际对偶，其主观评价决定均衡价格。这种边际对偶价格实际上接近于马歇尔的均衡价格论，表明了价格是由市场中无数的买者和卖者的竞争形成的。

（三）效用价值论评价

（1）效用价值论认为价值产生于人们对物品效用的主观评价，开辟了从需求的角度衡量价值的观点，在劳动价值无法衡量价值量大小时，可以用效用的大小来衡量其价值量，也为均衡价值论提供了理论基础。

（2）由于效用价值是主观的评价，运用效用价值对资产进行评估往往带有一定的主观性，导致评估出的价值与客观价值存在一定的差异。

（3）边际效用价值论过于强调商品效用带给人的主观上的满足，忽略了交换和交换背后的社会经济关系，过分夸大了效用的作用，认为效用决定价值、效用是价值的源泉。

案例与思考 2-2　商业巨头的陨落与崛起

效用价值理论对于企业竞争有着一定的指导意义,该理论认为产品的使用价值与效用是企业竞争的要点,消费者对商品的效用评价是商品在市场上获得竞争力的主要来源。依靠创新变革,柯达、诺基亚等企业曾经在摄影及通信行业成为影响世界的品牌巨头,又因不能持续创新被索尼、苹果等新兴企业所取代,从而逐渐淡出市场,许多明星企业都在技术更迭下被淹没在历史中。在当下的数字时代,全球范围内较为同质的产品竞争激烈,一些领域甚至出现生产过剩的情况。对于我国企业来说,必须通过产品的对象化来提高企业的自身价值及核心竞争力,生产效用能被消费者认可的商品,以此来减少消费者边际效用递减的情况发生,因此创新型竞争是经济发展的必然选择。

第三节 供求理论与价值

供求理论是古典经济学在供求分析的基础上发展起来的均衡价格理论，其核心为商品价值是由商品的供求状况决定的，即商品的价值是由在公开市场上买卖双方力量达成一致时的均衡价值所决定的，价值评估中的市场法则是以供求理论为理论基础的。

一、需求理论

（一）需求及需求函数

需求在微观经济学中被定义为在一定时间内，在一定的价格水平下，消费者愿意并且能购买某种商品的数量；当消费者对某种商品具有购买欲望及购买能力时，称其为有效需求。

1. 影响需求的因素

影响商品需求的主要因素有该商品的价格、相关商品价格、消费者收入水平、消费者偏好、消费者对价格的预期。此外，影响商品需求的因素还有人口数量、结构、年龄、政府的消费政策及社会文化等。

2. 需求函数

需求函数被用来表示一种商品的需求数量与其各种影响因素之间的关系。各种影响因素为自变量，需求数量是因变量。其数学表达式为：

$$D = f(a,b,c,\cdots,n)$$

其中，a，b，c，$\cdots$，n 分别表示影响商品需求量的各种因素。

假定在一定时期和特定的地区，价格之外的其他因素相对稳定不变，需求就是消费者对应每一价格水平愿意且能够购买的某种商品数量。需求函数可以表达为：

$$Q_d = f(P)$$

其中，Q 为商品需求数量，P 为对应商品价格。

3. 需求曲线

由于需求量与市场价格成反比，需求曲线是一条向右下方倾斜的曲线。

需求曲线向右下方倾斜，体现了边际效用递减规律。如果把整个消费者市场看作一个整体，随着商品购买数量的增加，市场愿意支付的价格自然就低，需求曲线就呈现出向右下方倾斜的负斜率形式。

当影响需求的其他因素不变而商品自身价格变动时，该商品的需求量会沿着需求曲线移动，表现为同一条需求曲线上相应点的移动，被称为需求量的变动，如图2-2所示。

当商品的价格不变，影响需求的其他因素发生变化时，该商品需求数量的变动表现为需求曲线的位置发生移动，称为需求的变动。需求量相应减少，需求曲线向左移动；反之，消费者的收入增加时，需求曲线将向右移动，如图2-3所示。

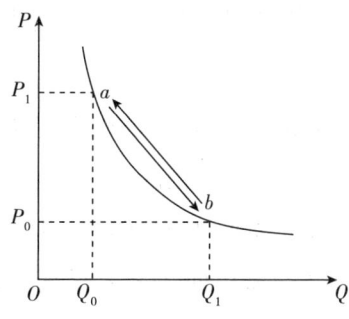

图2-2 需求量的变动

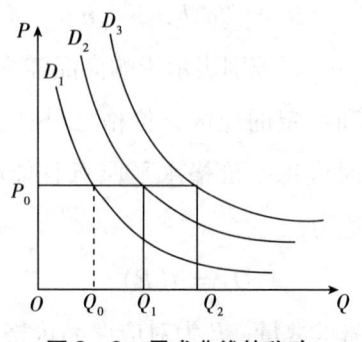

图2-3 需求曲线的移动

(二) 需求关系的特殊情况

商品需求的一般规律表示为商品的需求数量与价格呈反向关系,但也存在吉芬商品和凡勃伦效应等特殊的需求关系。我们知道,替代效应是指由于某种商品价格上升,消费者用价格相对较低的商品替代贵的商品,从而引起该商品数量变化,替代效应使价格相对降低的商品需求量增加,因而替代效应总是为负。收入效应是指在货币收入不变的情况下,商品价格变化导致消费者购买能力(实际收入)发生改变,从而影响对该商品需求量的变化。价格的总效应为其替代效应与收入效应的总和。

正常品的替代效应和收入效应均与价格呈反方向变动,因此需求曲线向右下方倾斜。

劣等品的替代效应与价格呈反方向变动,但其收入效应与价格呈同方向变动,在大多数场合,其替代效应的作用要大于收入效应的作用,因此,劣等品的需求曲线也向右下方倾斜,只是相对正常品更为平缓。

1. 吉芬商品

经济学中的"吉芬商品"指的就是在特定条件下,需求量与价格同方向变动的特殊低档商品。吉芬商品的特殊性就在于,吉芬商品收入效应作用很大,并且超过了替代效应的作用,从而使总效应与价格变动方向相同。所以吉芬商品的需求曲线最后呈现出向右上方倾斜的现象(见图2-4)。

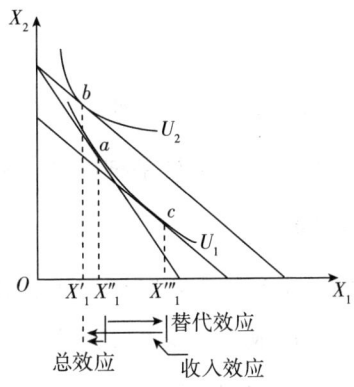

图 2-4 吉芬商品的效应

2. 凡勃伦效应

美国经济学家托斯丹·邦德·凡勃伦（Thorstein B. Veblen）发现，对于具有显示财富效应的商品，消费者的需求程度会因其标价提高而增加，商品定价越高越能畅销。这种"凡勃伦效应"反映了人们通过彰显其身份地位的炫耀性消费，追求心理满足的经济现象。凡勃伦效应需求规律是：当商品比如旅游产品或者服务价格上升的时候，该商品被认为是质量的提高，对该商品的需求量也会上升。具备凡勃伦效应的商品与价格的关系不同于一般的商品供求规律，凡勃伦商品的需求量是随商品价格的上升而上升的（见图 2-5）。

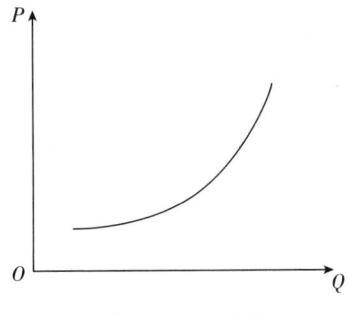

图 2-5 凡勃伦效应

二、供给理论

供给在微观经济学中被定义为在一定时间内,在各种可能的价格水平下,生产者愿意并且能够生产销售某种商品的数量。

(一) 影响供给的因素

一种商品的供给数量由多种因素共同决定,影响商品供给量的主要因素有商品自身价格、生产成本、生产技术水平、与之相关的其他商品价格、生产者对商品价格变动的预期、生产商的数量。除此之外,还有政策、社会环境等因素。

(二) 供给函数

供给函数被用来表示一种商品的供给数量与其各种影响因素之间的关系。各种影响因素为自变量,供给数量是因变量。其数学表达式为:

$$S = f(a, b, c, \cdots, n)$$

其中,$a, b, c, \cdots, n$ 分别表示影响商品供给数量的各种因素。

假定在一定时期和特定的地区,价格之外的其他因素相对稳定不变,供给就是生产者对应每一价格水平愿意且能够提供的某种商品数量。供给函数可以表达为:

$$Q_d = f(P)$$

其中,Q 为商品供给数量,P 为对应商品价格。

(三) 供给曲线

由于供给量与市场价格成正比,供给曲线是一条向右上方倾斜的曲线。

当影响供给的其他因素不变,仅仅是商品价格出现变动时,该商品的供给量会沿着供给曲线移动,表现为同一条供给曲线上相应点的移动,称为供给量的变动,如图 2-6 所示。

当商品的价格不变,影响供给的其他因素发生变化时,该商品供给数量的变动表现为供给曲线的位置发生移动,被称为供给的变动。例如,生产成本增加,生产者利润减少,其商品供给会减少,供给曲线向左移动,如图2-7所示。

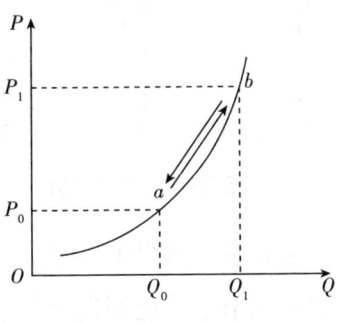

图2-6 供给量的变动

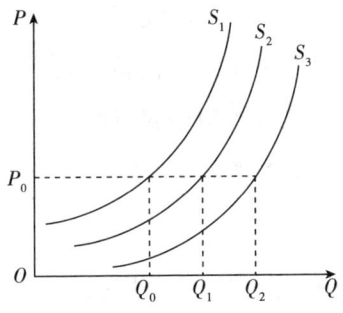

图2-7 供给曲线的移动

三、供求均衡

(一) 价格均衡

需求曲线和供给曲线都反映了价格对于消费者需求量和生产者供给量的影响作用。商品的均衡价格是在市场供求两种力量博弈下形成的。

如图2-8所示,当需求量与供给量相等时,两条曲线的交会点被称为均衡点(E),与均衡点对应的价格和供求量分别称作均衡价格和均衡数量。该商品在均衡点对应的供给数量和需求数量都等于其均衡数量Q_E,均衡点所对应的价格为均衡价格P_E。

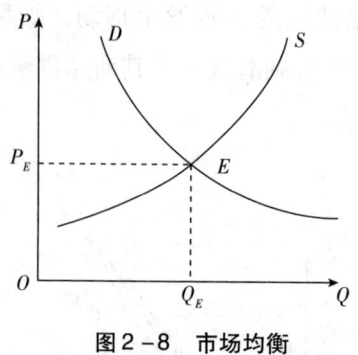

图 2-8 市场均衡

当市场价格高于均衡价格,则供大于求,表现为市场出现商品过剩或超额供给。在市场自发调节下,超额供给会导致商品价格下降,供给方也会减少供应量,使价格回落到均衡价格水平。反之,当市场价格低于均衡价格,则商品供不应求,形成商品短缺,超额需求会引发商品价格上涨,供给方也会增加供应量,使价格提升至均衡价格水平。因此,在市场机制的作用下,供求不相等的非均衡状态会逐步消失,商品的市场价格会趋近于均衡价格水平。

(二)供求定理

在其他条件不变时,需求变动分别引起均衡价格和均衡数量的同方向变动;供给变动将引起均衡价格的反方向变动和均衡数量的同方向变动。需求和供给同时作用下的均衡价格和均衡数量,取决于需求和供给各自变动的幅度。

案例与思考 2-3 郁金香、普洱茶与股票

17 世纪的欧洲,因为郁金香的稀缺及其象征着地位和财富而爆发了一场"郁金香热",郁金香不仅成为奢侈品,也彻底变成了投机品,郁金香交易非常火爆,其特殊品种的价格甚至可以买下阿姆斯特丹的豪宅,可最终泡沫破灭,郁金香的售价还不如洋葱;1999 年

中国台湾的普洱茶市场崩盘后,炒茶风头开始转向云南普洱茶,炒茶者通过投入资金及媒体舆论抬升普洱茶的价格,吸引众多散户参与,"中茶""大益""下关沱茶"三大品牌价格暴涨,几乎占据了国内普洱茶70%的市场,但在2007年"大益"价格大跌,业内估算其至少使国内的普洱茶市场凭空蒸发了150亿元。根据供求理论,商品的价格是由市场供求决定的,不管是之前的郁金香和普洱茶,还是现在"元宇宙"概念股的热潮,或多或少都体现了凡勃伦效应,过度偏离市场均衡或产品自身成本的价格,还能反映出该企业产品真正的价值吗?

第四节　市场结构理论与价值

市场结构理论主要说明在消费者和厂商的经济行为相互作用下，不同类型的市场上价格和产量的决定因素。该理论按照市场或行业的集中度和规模主要将市场类型划分为完全竞争、垄断竞争、寡头垄断及完全垄断四类。市场结构理论能够为现实中不同市场类型的企业价值评估提供理论依据。

一、市场结构的含义和划分市场结构的标准

市场结构，是指一个行业内部买方和卖方的数量及其规模分布、产品差别的程度和新企业进入该行业的难易程度的综合状态。也可以说，市场结构就是指某种产品或服务的竞争状况和竞争程度。市场类型划分的标准是市场的竞争程度或垄断程度。竞争程度高，则垄断程度就低；而竞争程度低，则垄断程度就高。判断一个行业属于什么类型的市场结构，主要依据以下三个方面的因素：

（1）本行业内部的生产者数目或企业数目。

（2）本行业内各企业生产的产品的差别程度。这是区分垄断竞争市场和完全竞争市场的主要依据。

（3）进入市场的障碍大小。

根据这三个方面因素的不同特点，将市场分为完全竞争市场、垄断

竞争市场、寡头垄断市场和完全垄断市场四种类型（见表2-3）。

表2-3 市场结构类型比较

市场类型	厂商数量	产品差异	进出行业难易程度	厂商影响价格能力
完全竞争	很多	完全同质	很容易	没有影响能力
垄断竞争	很多	同种产品但有差别	较容易	影响能力小
寡头垄断	少数	有差别；纯粹寡头行业无差别	较难，存在进入障碍	有能力，但需要考虑竞争对手的反应
完全垄断	唯一	几乎没有可以替代的产品	可能性很小	在无政府干预情况下，可以操纵和控制市场价格

二、完全竞争市场

（一）完全竞争市场的含义及特征

完全竞争市场又称纯粹竞争市场，是一种竞争不受任何阻碍和干扰的市场结构。其具有以下特征：

（1）市场上有很多生产者和消费者。单一买者的需求量和单一卖者的供给量占比都很微小，其对市场价格没有任何控制的力量。因此，每个生产者或消费者都只能是市场价格的接受者。

（2）企业生产的产品是同质的，即产品不存在差别。

（3）资源可以自由流动，企业可以自由进入或退出市场。

（4）信息畅通、完整。买卖双方对市场信息都有充分的了解，消费者和生产者都可以及时获得准确的市场信息，其决策是充满理性的。

在现实生活中很难找到完全符合这些特征的市场，但完全竞争市场机制及资源分配的基本原理，为分析和评价其他类型市场竞争效率提供了借鉴。

（二）完全竞争市场的需求曲线与均衡

1. 需求曲线

如图2-9所示，供给曲线与需求曲线交点处的价格（P_E）与数量（Q_E）

即均衡或市场出清价格和数量。此时，厂商和消费者都是价格接受者。

完全竞争市场对厂商产品的需求曲线是一条水平线，所对应的价格是整个行业的供求均衡价格，且厂商的平均收益曲线、边际收益曲线和需求曲线重合（见图2-10）。

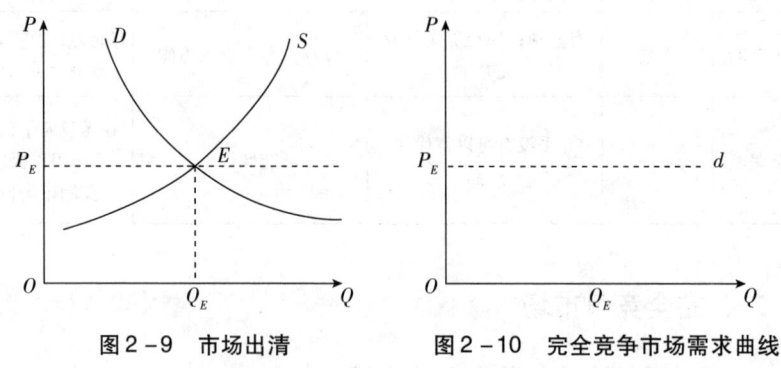

图2-9　市场出清　　　　　图2-10　完全竞争市场需求曲线

2. 完全竞争市场产量决策的基本原则

完全竞争市场的厂商遵循边际收益（Marginal Revenue，MR）等于边际成本（Marginal Cost，MC）的原则，实现利润最大化或亏损最小化目标，即 $MR = MC$。

在完全竞争市场，厂商和消费者都是价格接受者。给定商品价格 P，厂商的销售量为 Q，总成本 TC 同样是 Q 的函数，这样，厂商的利润 π 等于总收益 TR 减去总成本 TC。

厂商利润最大化：$\pi_{(\max)} = TR(Q) - TC(Q) = P \times Q - TC(Q)$，对产量 Q 求偏导取得最优解：$MR = MC = P$（见图2-11）。

在短期，厂商在生产规模不变的情况下，可通过调整产量使边际收益等于短期边际成本，实现利润最大化；如果处于亏损状态，厂商通过比较平均收益和平均可变成本决定是否继续生产，当平均收益小于平均可变成本时须停止生产。

在长期，厂商可以通过调整全部生产要素使边际收益等于长期边际成本，达到利润最大化。完全竞争市场的厂商调整全部生产要素的决

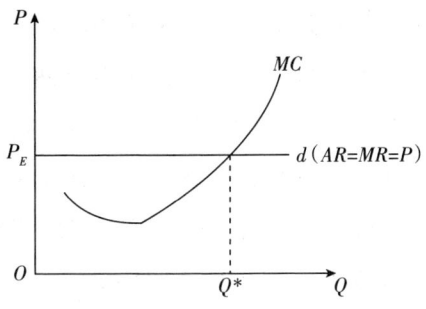

图 2-11 完全竞争市场利润最大化

策,可以是选择最优的生产规模,也可以是决定进入或退出某个行业。有厂商进入或退出,整个行业产量的变化可能会影响生产要素市场的需求,使成本不变行业、成本递增行业和成本递减行业的生产要素价格分别保持不变、上升和下降。

三、垄断竞争市场

(一) 垄断竞争市场的含义及特征

垄断竞争市场是指一种既有垄断又有竞争,既不是完全竞争又不是完全垄断,偏向于完全竞争的市场结构。其特征为:

(1) 具有很多的生产者和消费者。

(2) 产品具有差别性。这是与完全竞争市场的主要区别,产品之间既有差别又可以相互代替,卖家具有一定程度的定价权,其不再是完全的价格接受者。

(3) 进入或退出市场比较容易,障碍较小。垄断竞争市场较符合现实中的市场结构,如啤酒、糖果等产品就可以进入该市场。

(二) 垄断竞争市场的需求曲线与均衡

1. 需求曲线

在垄断竞争市场中,由于产品具有差异性,厂商面临的需求曲线是向右下方倾斜的,但在垄断竞争市场上存在着许多替代品,因此,需求曲线相对富有弹性。垄断竞争厂商有两条需求曲线，都向右下方倾斜，通常被区分为主观需求曲线（d）和实际需求曲线（D）。主观需求曲线是厂商单独调整价格所对应的需求曲线；实际需求曲线是在所有厂商都以相同方式改变价格的条件下单个厂商所对应的需求曲线。所有非完全竞争厂商都没有供给曲线，因为它们都不满足商品的价格与其供给量存在一一对应关系的条件，如图 2-12 所示。

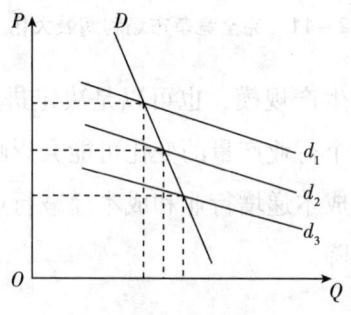

图 2-12　垄断竞争市场需求曲线

2. 垄断竞争市场的短期均衡和长期均衡

在垄断竞争市场，厂商短期内仍然通过调整产量和价格使边际收益等于短期边际成本，实现利润的最大化；如果处于亏损状态，厂商同样需要通过比较平均收益和平均可变成本来决定是否继续生产。在长期，厂商可以通过调整生产规模使边际收益等于长期边际成本，追求利润的最大化。由于不存在行业进入壁垒，正的经济利润吸引其他厂商加入，原有厂商产出水平与价格均下降了，长期利润最大化条件为 $P = AR = AC$（见图 2-13）。

垄断势力源于产品的差异化存在，使得均衡价格高于完全竞争时的价格；垄断竞争厂商经营时存在过剩的生产能力，均衡产量低于平均成本最低时的水平，厂商的零利润点在平均成本最低点的左边，如图 2-13 所示，无谓损失的出现说明垄断竞争不如完全竞争市场有效率。这种过剩的生产能力往往是由于市场中小规模的厂商数量过多引起的，可以通过单个厂商规模经济的实现来降低成本。

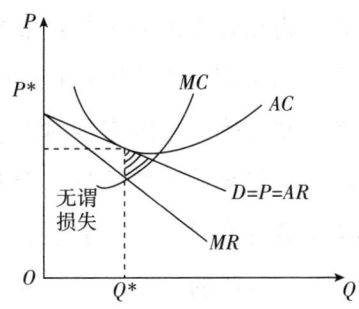

图 2-13 垄断竞争市场利润最大化

垄断势力也可以看作厂商的抬价能力,一般常用表达式为勒纳指数:$L=(P-MC)/P$,L 的数值越大,则垄断势力也越大,勒纳指数接近于 1 时,市场则完全垄断。

四、寡头垄断市场

(一)寡头垄断市场的含义及特征

寡头垄断市场是指少数几个企业控制一个行业供给的市场结构。其特征为:

(1)在一个行业中,只有很少几个企业进行生产。

(2)它们所生产的产品有一定的差别或者完全无差别(纯粹寡头垄断)。

(3)它们对价格有较大程度的控制权。

(4)其他企业进入这一行业比较困难。竞争和规模经济要求降低了行业的平均成本,使大规模生产具有明显优势,小厂商逐步丧失生存空间,形成了占据绝大部分市场份额的少数厂商共享或角逐市场的行业态势。试图进入的新厂商,需要具备与原有厂商相抗衡的生产规模和市场份额,才能与之竞争,如汽车、钢铁、石油等工业部门。

(二)寡头垄断市场的典型模型

1. 古诺模型

"古诺模型",又称作"双寡头模型",反映两个实力相当厂商且产品同质的寡头垄断模式。古诺模型的假定是：市场上只有两个厂商生产和销售相同的产品，它们的生产成本为零；它们面临的市场需求曲线是线性的，厂商1和厂商2都准确地了解市场的需求曲线，两个厂商都是在已知对方产量的情况下，做出确定能给自己带来最大利润的产量，可以理解为每个厂商都消极选择自己的产量去适应竞争对手的产量。

如图2-14所示，假设市场的反需求函数为 $P(Q) = P(q_1 + q_2)$，每个厂商的生产成本函数为 $C(Q) = cq$。市场上的每个厂商都会根据另一个厂商利润最大化的结果选择自己的最优产量，用式子表达为：

厂商1的利润：$\pi_1 = TQ_1 - TC_1 = q_1 \times p(q_1 + q_2) - c(q_1)$，其中，$TQ_1 = q_1 \times p(q_1 + q_2)$，表示厂商1的收入，$TC_1 = c(q_1)$ 表示厂商1的成本。对厂商1的利润函数求偏导，当边际收益等于边际成本时，厂商1实现利润最大化，即 $\frac{\partial \pi}{\partial q_1} = MR_1 - MC_1 = 0$，可以得出当厂商1利润最大化时的产量，同理可以推导出厂商2利润最大化时的产量，最后将两个厂商利润最大化时的产量公式联立即可求出均衡产量。

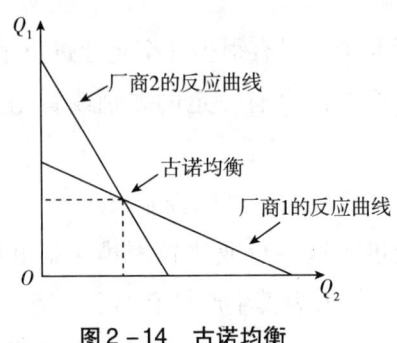

图2-14 古诺均衡

2. 伯特兰德模型

在寡头垄断市场上，竞争不仅可以通过定产的方式进行，而且可以通过价格竞争的方式来进行。伯特兰德模型就用于解释在寡头垄断市场上具有相同产品的厂商之间的价格竞争。

该模型假定两个厂商产品是同质的，那么消费者只会从价格较低的厂商那里购买商品，即定价低的厂商占有全部市场份额。由于降价能够通过扩大市场份额产生更多收益，使得各个厂商都有降价的冲动，因此，最终的结果是将价格定在等于边际成本处，即 $P = MC$。当两个厂商定价相等时，其产量相等。

伯特兰德悖论：如果厂商不断进行价格竞争，生产同质商品，达到均衡时以边际成本定价，如果其双方为寡头厂商，具有很强的垄断能力，更容易从市场上获取超额利润，通过产量竞争比价格竞争更合理。

3. 斯塔克伯格模型

斯塔克伯格将寡头厂商的角色定位为"领导者"或"追随者"的分析范式。该模型中有两个寡头厂商，一个是实力相对雄厚、居于支配地位的"领导者（厂商1）"；另一个则成为前者的"追随者（厂商2）"。领导型厂商在了解并考虑追随型厂商对其决策的反应方式基础上做出追求自身利润最大化的产量决策；追随者厂商则在领导型厂商所确定产量的前提下做出有利于自身利润最大化的产量决策，即领导者有"先发优势"（first mover advantage）。用公式表达为：领导者先根据追随者的利润函数：$\pi_2 = q_2 \times p(q_1 + q_2) - c(q_2)$，得到追随者利润最大化 $\frac{\partial \pi}{\partial q_2} = MR_2 - MC_2 = 0$ 时的产量，将追随者最优产量代入领导者利润函数 $\pi_1 = q_1 \times p(q_1 + q_2) - c(q_1)$ 中，再根据领导者自身利润最大化条件 $\frac{\partial \pi}{\partial q_1} = MR_1 - MC_1 = 0$ 解出其最优产量。

4. 价格领导模型

斯塔克尔伯格模型中寡头对产量的决策和反应模式同样可用于厂商对价格的确定过程，即领导型厂商率先确定价格，其他厂商跟随定价。这成为"价格领导模型"所反映的内容。

价格领导通常有三种形式：

（1）支配型价格领先，由行业中占支配地位的寡头按照利润最大化原则确定产品售价,其余寡头据此确定各自的产销量。

(2) 成本最低型价格领先,由行业中成本最低的寡头按照利润最大化原则确定其产品产销数量和价格,其他寡头按同一价格销售各自的产品。

(3) 晴雨表型价格领先,由行业中在获取信息、判断市场趋势等方面有公认特殊能力的寡头确定产品价格,其他寡头根据该价格相应调整自身的产品价格。

五、完全垄断市场

(一) 完全垄断市场的含义及其形成原因

完全垄断市场是指整个行业只有唯一供给者的市场结构。完全垄断是一种十分特殊的情况,形成完全垄断的条件主要有:

(1) 竞争和规模经济要求引起生产和资本的集中,使得单独厂商控制了行业生产所需的全部资源。

(2) 专利保护使得拥有生产专利的厂商可在规定的保护期内独家垄断产品生产。

(3) 国家基于财政、国家安全和社会管理需要,通过法律规定和行政措施授予厂商独家生产经营权,使其形成垄断。

(4) 厂商利用先行进入行业的条件或凭借所拥有的自然、地理优势,控制了行业生产资源,阻碍其他厂商进入行业,形成了对行业生产经营的自然垄断。

(二) 完全垄断厂商的定价与均衡

(1) 完全垄断厂商进行产量和价格决策的基本原则为:边际收益 = 边际成本 ($MR = MC$),价格与边际成本之间的定价关系可表示为:$P = \dfrac{MC}{1 + (1/E_d)}$。

(2) 完全垄断厂商和完全竞争企业的成本曲线是相同的,因为二者在生产要素投入和具体的生产过程方面没有什么区别。

(3) 完全垄断厂商为了获得超额利润，把价格定在边际成本之上，并且往往对供给量进行限制，一般垄断厂商可以采用价格歧视（一级、二级、三级价格歧视）策略获得更多利润。

(4) 在长期内，垄断厂商可以通过调整生产规模，使边际收益等于长期边际成本，实现利润最大化。由于排除了其他厂商的加入，垄断厂商可以通过调整规模或价格歧视，在长期内获得更大的利润，其长期均衡的利润总大于短期均衡的利润。

案例与思考 2-4　钻石恒久远，一颗永流传

垄断关键资源所有权的典型例子是南非的钻石公司戴比尔斯。戴比尔斯控制了世界钻石产量的 80% 左右，能够对世界钻石价格产生重大影响。戴比尔斯的市场势力大部分取决于是否有这种产品的相近替代品，如果人们认为翡翠、红宝石和蓝宝石都是钻石的良好替代品，那么，戴比尔斯的市场势力就小了。在这种情况下，戴比尔斯任何一种想提高钻石价格的努力都会使人们转向其他宝石。因此，戴比尔斯支付了大量的广告费，用口号告诉消费者"钻石恒久远，一颗永流传"，使得消费者在心目中把钻石与其他宝石区分开来，认为钻石是不可替代的，这就使戴比尔斯有了更大的市场势力。通过开采、加工、设计以及理念宣传，钻石饰品的市场价格远高于其成本，除了过度宣传炒作行为的影响，钻石也因企业在行业内的相对垄断地位而享有一定程度的估值溢价，但钻石本身的价值真的有这么高吗？

第五节　有效市场理论与价值

有效市场假说是由美国著名经济学家尤金·法玛（Eugene Fama）于 1970 年提出并深化的。该假说一经提出就成为证券市场研究的热门课题，在现代金融市场理论框架中占据重要地位，但是该理论也颇具争议。有效市场理论能够为上市企业的股票价值评估提供一定的理论指导及评估路径。

一、有效市场假说的定义及发展过程

（一）有效市场假说的定义

有效市场假说是指在一个证券市场中，如果价格反映了全部所获得信息，那么这个证券市场是有效市场。

一个特定信息在信息交流和竞争充分的市场能迅速被投资者知晓，股票市场的竞争将使股价及时、充分地反映该信息的影响，据此交易的投资者不可能获得高于市场平均水平的超额利润，只能赚取市场平均水平的报酬。

信息有效、投资者理性和市场理性的统一造就了有效的市场。

(二) 有效市场假说的发展过程

关于有效市场假说发展过程如表 2-4 所示。

表 2-4 有效市场假说发展过程

时间	代表学者		主要观点
1889 年	乔治·吉布森		初步描述与讨论了市场有效的问题
1900 年	路易斯·巴切利尔	《投机理论》	1. 市场收益是独立同分布的随机变量; 2. 股票收益率波动的数学期望总是为零; 3. 股价遵循公平游戏模型,市场基于信息影响其有效性
1953 年	肯德尔	《经济时间序列分析》	股票价格遵循随机游走规律
1965—1966 年	萨缪尔森、曼德尔布罗特		论述了有效市场与公平游戏模型之间的关系
1965 年、1970 年	尤金·法玛	《股票市场价格行为》	1. 首次提出"有效市场"的概念; 2. 由于市场上有大量理性投资者,其能轻易获取重要信息并预测股票价格,即在有效市场上,任何时候单只股票的市场价格都反映了已经发生的以及尚未发生但市场预期会发生的事情
		《有效资本市场》	提出有效市场假说以及研究市场有效性的完整理论框架

二、有效市场假说成立的前提条件

有效市场假说的假设有:

(1) 市场上的投资者都是理性的经济人,都以追求利益最大化为行动目标,投资人都力图利用所获信息谋取最高的利润。

(2) 与投资相关的信息都以随机方式进入市场,信息的发布各自独立。

(3) 市场对信息的反应迅速而准确,因而股票价格反映了市场的全部信息。

(4) 整个市场完全竞争,有大量投资者参与,大家都是价格的接受者。

三、有效市场的三个层次

证券市场有三个层次的信息：

第一，反映了证券历史价格的信息，如已发生的股票交易数量、价格、回报率等。

第二，已公开的所有信息，除上述反映证券历史价格的信息外，还包括上市公司公开披露的信息，已公开的行业信息和证券市场及公司分析信息，有关的经济、政治新闻等信息。

第三，所有的可知信息。除上述已公开信息外，还包括未公开的内部及私人信息。

根据证券价格对市场信息的反映程度，有效市场划分为弱式有效市场、半强式有效市场和强式有效市场三种形态（见图 2-15）。

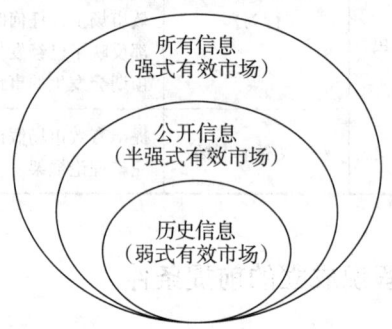

图 2-15　有效市场假说三个层次

（一）弱式有效市场

在弱式有效市场，股票的市场价格已充分反映了股票所对应的历史价格信息，历史资料无法影响股票的未来价格，也无法准确预测股票价格，投资者无法利用股票的历史交易信息获得超额收益。技术分析手段不再有效，基本分析还可能对投资者有所帮助。

检验弱式有效市场原理：技术分析对股价的预测是否有用，有用则不支持该形态。

检验方法：股价的时间序列分析、股价变化的随机性分析、检验股票交易策略的有效性。

（二）半强式有效市场

在半强式有效市场，股票的市场价格已充分反映了全部已公开信息，投资者无法利用已公开信息获得超额收益，技术分析和基本分析都不再有效，但掌握内幕信息可能获得超额利润。

检验半强式有效市场原理：基本分析对股价的预测是否有用，有用则不支持该形态。

检验方法：事件研究法。

（三）强式有效市场

在强式有效市场，股票市场价格已充分反映了已知的全部信息，投资者无法利用任何已知的信息获得超额收益，不仅任何分析手段都失效，甚至连垄断、利用内幕信息也无法获取超出投资对象风险水平之上的收益。

检验强式有效市场原理：内幕消息是否有用。

检验方法：检验对某类投资信息具有垄断权的专业投资机构或内部人员是否利用信息优势从股市获取超额收益，如果能够获取，说明强式有效市场假说不成立。

在现实中，刚兴起的市场可能还会呈现出无效市场的情况，即信息源的公开存在不完全性；被公开的信息在传输中存在漏损；投资者对信息的解读存在偏差；投资者反馈信息的时候会出现"时滞"。因此，处于有利地位的投资者就可以利用自己的信息优势或通过技术分析、基本分析等方法来获取超额收益。

案例与思考2-5　孪生股票的价格差异

若市场有效,则价格必然反映价值。按照一价定律的说法,在剔除交易成本和信息成本后,同一资产不能按不同价格出售。皇家荷兰和壳牌公司分别位于荷兰和英国,两家公司同意在保留各自独立的有区别的实体的基础上将两家公司的利润以60:40的比例进行合并,所有的现金流也按这个比例进行分割,那么荷兰皇家石油的股票价值应该按每单位计算,相当壳牌股票价值的1.5倍,但是事后两者的股票价格却长期偏离理论预期的差距,偏离高达15%以上,显然,这不符合一价定律。违背一价定律的例子还有上市公司拆分导致的定价错位及封闭基金折价之谜等。此外,股价的无信息波动也是对有效市场假说的一种反思,例如,1987年美国股市在没有任何重大事件的情况下突然崩盘,或以网络行业为主的公司更名引发股价异常波动,都说明市场并不是十分有效的。因此,在对上市公司进行估值时,需要对市场状态及投资者的心理预期和非理性行为进行充分考虑。

第六节　现金流与价值

现金流是指企业及相关机构通过经营活动、投资活动、筹资活动和非经常性项目等经济活动而产生的现金流入、现金流出及其总量情况的总称。现金流能够有效衡量企业经营状况、偿债能力及产品技术更新能力等。现金流量是用于评估企业的资产及价值的重要指标，也是绝对估值法的重要组成部分。

一、货币的时间价值

货币的时间价值是指货币经历一定时间的投资和再投资后随着时间的推移而增加的价值。货币之所以具有时间价值，至少有三方面的原因：其一，资金可用于投资，获得利息，从而在将来拥有更多的货币量；其二，资金的购买力会因为通货膨胀的影响而变化；其三，一般来说，未来的收入具有不确定性。

二、终值、现值及年金

(一) 终值 (Future Value，FV)

终值又称将来值，它是指现在的一笔资金在未来某一时点所具有的价值，其计算公式为：

$$FV_n = PV \times (1 + r)^n \qquad (2-1)$$

式（2-1）中，FV_n 表示终值；PV 表示现值；r 为年利息率；n 为计息期数。

此外，式（2-1）中的 $(1+r)^n$ 称为复利终值系数，又可记作 $(F/P, r, n)$，故又可以表示为：

$$FV_n = PV \times (F/P, r, n) \qquad (2-2)$$

（二）现值（Present Value，PV）

现值是现在价值的简称，是指未来的现金收入或支出的现在价值，现值的计算公式为：

$$PV = \frac{FV_n}{(1+r)^n} \qquad (2-3)$$

式（2-3）中，$1/(1+r)^n$ 叫作复利现值系数或贴现系数，记作 $(P/F, r, n)$。

（三）年金

年金是指一系列有稳定规律、持续一段时间的现金流支付活动。年金也是一种常用的金融工具。本节主要介绍普通年金和永续年金的内容。

1. 普通年金的现值计算

普通年金现值是指为在每期期末取得相等的金额，现在需要投入的资金。假设从现在开始的 n 期内，每期末都收到 A 元的现金流，年折现率为 r，则这一系列普通年金的现值为：

$$PV = \frac{A}{(1+r)} + \frac{A}{(1+r)^2} + \cdots + \frac{A}{(1+r)^n} = A\left[\frac{1}{r} - \frac{1}{r(1+r)^n}\right]$$

$$(2-4)$$

式（2-4）中，$\frac{1}{r} - \frac{1}{r(1+r)^n}$ 是普通年金为 1 元、折现率为 r 经过 n 期的年金现值，称为年金现值系数，记作 $(P/A, r, n)$。

2. 永续年金的现值计算

无限期定额支付的年金，称为永续年金。现实中的存本取息，可以看作永续年金的一个实例。永续年金的现值可以由普通年金的现值公式导出：

$$PV = A \lim_{n \to \infty} \left[\frac{1}{r} - \frac{1}{r(1+r)^n} \right] = \frac{A}{r} \qquad (2-5)$$

三、单利与复利

利息的计算有单利（simple interest）和复利（compound interest）两种方法。

单利是指在规定期限内只就本金计算利息，每期的利息收入在下一期不作为本金，不产生新的利息收入。本金 A 以年利率 r 投资 n 年后，以单利计算的本利和为 $A(1+rn)$。

复利是指每期的利息收入在下一期转化为本金后，产生新的利息收入。下一期的利息收入由前一期的本利和产生。如果每年计息 m 次，则 n 年后的本利和为 $A\left(1+\frac{r}{m}\right)^{mn}$。

金融产品的定价中一般使用连续复利（continuous compounding），因此在这里引入连续复利的概念，当 $A\left(1+\frac{r}{m}\right)^{mn}$ 中的计息次数趋于无穷大时为连续复利，此时终值为：

$$\lim_{n \to \infty} A\left(1+\frac{r}{m}\right)^{mn} = A e^{r_c n} \qquad (2-6)$$

式（2-6）中，r_c 为连续复利的年利率；n 为计息年数。

四、现金流概述

（一）现金流的含义

在现实的经济生产中，一项经济活动的收入与支出一般可以用其产生的现金流来描述。政府机构运作、工商企业的生产经营和家庭个人的生活消费都会涉及相应的现金流。所谓现金流,就是一系列现金流入和现金流出的总称(见图2-16)。收入的款项称为现金流入,而支出的款项则称为现金流出,其一般代表成本。

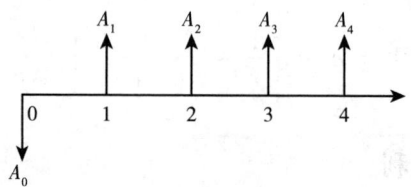

图 2-16 现金流

现金流包括三个重要部分:①现金流的大小或数量;②现金流的方向(流入还是流出);③现金流发生的时间。缺少其中任何一部分的现金流在财务或金融分析上都是没有意义的。现金流一般以货币的形式表示,用现金流来描述资金的这种运动是一种清晰、方便的做法。

(二)现金流与价值

现金流量贴现法又称拉巴波特模型法,是在考虑资金的时间价值和风险的情况下,将发生在不同时点的现金流量按既定的贴现率统一折算为现值再加总求得目标企业价值的方法。其体现了价值与现金流的关系,这也是绝对估值法的价值之处,一般公式为:

$$P = \sum_{t=1}^{n} \frac{CF_t}{(1+r)^t}$$

任何能够在未来产生现金流的企业均可用现金流贴现法来估算企业价值,主要包括以下几种类型:①自由现金流(FCFF)贴现模型;②股权资本自由现金流(FCFE)贴现模型;③股利贴现模型(DDM);④经济附加值(EVA)模型;等等。在之后的章节中会详细讲解。

从现金流贴现法可以看出影响企业价值的核心变量主要有三个:企业存续时间、未来现金流预估及无风险利率假设。在现实情况中,只有少数企业使用绝对估值法,这是由于有太多企业只能产生利润,不能产生现金流，如科技行业，其对于未来现金流的预测是不稳定的。

案例与思考2-6 大连机床——资金链断裂的危机

大连机床集团曾是美国金属协会"世界机床500强"排名第8、中国企业500强排名第400的龙头企业，却在供给侧改革中走向了破产。大连机床的信用风险事件接连爆发，先后共有8只债券违约，发行金额总计38亿元。2016年前三季度的财务报表显示，大连机床合并报表资产负债率为77.08%。受国内宏观经济下行，公司产品结构调整、融资受阻等因素影响，资金链极度紧张，无法保障合同产品生产资金投入，合同产品未能按期交货，未能按期履行合同，而且经销商继续履行合同的意愿并不强烈，后续回款也无法保证，因此大连机床形成了高负债低盈利的局面，最终在2017年因资金链断裂而宣布破产。当然，因资金链断裂而破产的企业还有很多。现实中大多数实体企业在经营过程中，须注重现金流，保持现金—资产—现金这个良性循环的不断运转。在对企业价值进行评估的时候尽量长远地考虑其未来现金流的状况、相应的企业战略决策及宏观环境，以避免出现资金链断裂的危机。

第七节 流动性与价值

流动性在一定程度上反映了企业资金松紧状态,也可以反映出一个企业的变现能力和短期偿债能力,流动性过低可能会产生企业资金周转不畅等问题,而流动性过高则说明企业没能进行有效投资或实现利润最大化。因此,流动性对一个企业的资产和价值评估起到了重要的作用。

一、企业流动性概述

(一)企业流动性的定义

从狭义角度来看,企业流动性是指企业在资产价值不损失的情况下的变现能力和偿债能力。变现能力是指企业产生现金的能力,它取决于可以在近期变为现金的流动资产的多少。偿债能力是指企业即时偿还各种债务的能力,反映个体企业流动性状况的指标一般采用流动比率和速动比率。

从广义角度来看,企业流动性是指企业资金的松紧情况,或者说企业所面临的可用资金松紧状态。具体来说,是指企业通过银行贷款、票据贴现、短期融资券、股市和企业债等方式所能获得资金的状况。

(二)流动性风险

流动性风险是指企业由于资金筹措不力,现金流动不畅,发生停滞、断流等,不能偿还到期债务形成的风险;或是指企业债券不能在短期内以合理价格变现的风险。形成企业流动性风险的因素主要来源于经营活动,即对流动资产、负债的管理,包括对短期投资、存货、应收账款和应付账款的管理,对设备的过度投资、经营活动中资金调度安排等,这些因素都会影响企业的流动性,从而形成企业的流动性风险。

二、流动性溢价理论

流动性是指将一项投资性资产转化成现金所需要的时间和成本。能在较短的时间以接近市价的价格将资产转换成现金则称该资产有较高的流动性。与之相对应,在较短时间内将某一项资产转化成现金必须以远低于其市价的价格出售,则称该资产流动性差。

卖出流动性差的资产要承受较大的价格折扣,因此涉及较高的交易成本,其市场价格应比同类流动性高的资产的价格低,因为投资者对该资产要求较高的预期收益。这种流动性低的资产与同类流动性高的资产的预期收益差额就是流动性溢价。流动性低的资产的预期收益高,而流动性高的资产的预期收益低。例如,国债的流动性好,流动性溢价很低。

> **案例与思考 2-7 贝尔斯登的流动性灾难**
>
> 贝尔斯登公司成立于 1923 年,曾是美国华尔街第五大投资银行,是一家全球领先的金融服务公司,在存在的 85 年里创造了连续 83 年盈利的纪录。在 2007 年的美国次级债危机中,贝尔斯登因为房贷抵押债务和衍生品市场投资太大,遭遇了房地产大幅跌价的冲击,从而股价大跌,陷入困局。此外,美国各大媒体刊登了贝尔斯登公司陷入流动性危机的传闻,引发了市场"羊群效应",投资者大量抛售金融股,恐慌情绪的蔓延使公司大量资金不断外流,这场所谓"流动性的灾难"就成真了。究其根源,贝尔斯登债务的杠杆

比率太高，在次贷危机中资产大幅缩水，客户出于谨慎考虑纷纷撤出资金，使贝尔斯登像商业银行一样发生"挤兑"事件，导致资金流尽而"大厦倾倒"。在一定程度上，企业流动性也可以为投资者的信心提供保障，因此在企业价值与资产评估中流动性显得十分重要，对企业的流动性进行审慎监管，将流动性与价值结合起来是明智的选择。

复习思考题

1. 名词解释

替代效应　吉芬商品　完全竞争市场　垄断势力　流动性溢价

2. 请分别简述有效市场假说的三种形态。

3. 已知市场中只有A、B两个厂商，双寡头企业的成本函数为 $C_1 = 20Q_1$，$C_2 = 20Q_2^2$，市场需求函数曲线为 $P = 400 - 2Q$，其中，$Q = Q_1 + Q_2$。

（1）求出古诺均衡情况下的产量、价格和利润。

（2）求出斯塔克尔伯格均衡情况下的产量、价格和利润。

（3）说明导致上述两种均衡结果差异的原因。

4. 某公司2016年1月1日发行面值为1000元、票面利率为8%的5年期债券。假设：

（1）2018年1月1日某投资者准备购买该债券，折现率为10%，价格为1060元，债券一次还本付息，单利按年计息，求此时债券的价值。

（2）其他条件同上，分期付息，每年末计息一次，再求此时债券的价值。

（3）根据上式计算，该债券是否应该购买？

第三章

企业资产评估程序

  《中华人民共和国资产评估法》和《资产评估基本准则》中均对企业资产价值评估程序做出了明确规定，资产评估机构及其资产评估专业人员可以根据评估业务的具体情况，秉持重要性原则确定评估程序的履行繁简程度，但不得随意减少资产评估基本程序。

第一节　企业资产评估程序概述

资产评估程序是评估过程中的工作次序安排，在整个资产评估业务中发挥着重要作用，正确履行资产评估程序可以确保促进评估业务的有效开展。

一、资产评估程序的概念

资产评估程序是以资产评估机构和资产评估专业人员为主体，反映资产评估机构及人员为执行资产评估业务、形成资产评估结论所必须履行的系统性工作步骤。

二、企业资产评估程序的内容

2016年12月1日起施行的《中华人民共和国资产评估法》中，对资产评估程序作了具体规定，具体步骤包括：依法选择评估机构、签订委托合同、指定评估承办专业人员、开展现场调查、核查验证相关资料并分析整理、选择恰当评估方法形成评估结论、编制评估报告和内部审核、出具评估报告、评估档案保存等。

2017年，财政部印发的《资产评估基本准则》中也对资产评估程序做出了具体规范，该准则第三章第八条中明确指出资产评估机构及其资产评估专业人员开展资产评估业务，须履行下列八大基本程序：明确业务基本事项、订立业务委托合同、编制资产评估计划、进行评估现场调查、收集整理评估资料、评定估算形成结论、编制出具评估报告、整理归集评估档案。在八大基本程序中，前三项基本程序是接受项目委托和前期业务开展的必要工作，第四项程序的开始标志着项目进入实施阶段，其中，现场调查、收集整理评估资料是项目实施的重点工作，它会直接影响项目结果的可信性和真实性。

由于评估对象、评估目的不同，在进行企业资产评估业务时收集的资料完备度和所选评估方法可能存在差异，因此，资产评估专业人员对上述准则中所规定的具体程序的执行是有差异的。

《中华人民共和国资产评估法》关于资产评估程序的具体规定[①]：

第二十二条　委托人有权自主选择符合本法规定的评估机构，任何组织或者个人不得非法限制或者干预。

评估事项涉及两个以上当事人的，由全体当事人协商委托评估机构。

委托开展法定评估业务，应当依法选择评估机构。

第二十三条　委托人应当与评估机构订立委托合同，约定双方的权利和义务。

委托人应当按照合同约定向评估机构支付费用，不得索要、收受或者变相索要、收受回扣。

委托人应当对其提供的权属证明、财务会计信息和其他资料的真实性、完整性和合法性负责。

第二十四条　对受理的评估业务，评估机构应当指定至少两名评估专业人员承办。

委托人有权要求与相关当事人及评估对象有利害关系的评估专业人员回避。

---

① 《中华人民共和国资产评估法》自2016年12月1日起施行。

第二十五条　评估专业人员应当根据评估业务具体情况,对评估对象进行现场调查,收集权属证明、财务会计信息和其他资料并进行核查验证、分析整理,作为评估的依据。

第二十六条　评估专业人员应当恰当选择评估方法,除依据评估执业准则只能选择一种评估方法的外,应当选择两种以上评估方法,经综合分析,形成评估结论,编制评估报告。

评估机构应当对评估报告进行内部审核。

第二十七条　评估报告应当由至少两名承办该项业务的评估专业人员签名并加盖评估机构印章。

评估机构及其评估专业人员对其出具的评估报告依法承担责任。

委托人不得串通、唆使评估机构或者评估专业人员出具虚假评估报告。

第二十八条　评估机构开展法定评估业务,应当指定至少两名相应专业类别的评估师承办,评估报告应当由至少两名承办该项业务的评估师签名并加盖评估机构印章。

第二十九条　评估档案的保存期限不少于十五年,属于法定评估业务的,保存期限不少于三十年。

第三十条　委托人对评估报告有异议的,可以要求评估机构解释。

第三十一条　委托人认为评估机构或者评估专业人员违法开展业务的,可以向有关评估行政管理部门或者行业协会投诉、举报,有关评估行政管理部门或者行业协会应当及时调查处理,并答复委托人。

第三十二条　委托人或者评估报告使用人应当按照法律规定和评估报告载明的使用范围使用评估报告。

三、资产评估程序的重要性

正确履行资产评估程序可以有效规范评估行为,提高业务质量,为相关人员提供评估服务的评价依据,防范执业风险。

(一) 规范评估行为,提高评估业务质量

正确履行资产评估程序可以为规范资产评估机构及资产评估专业人员行为、提高资产评估业务质量提供基本保证。

资产评估机构及资产评估专业人员接受委托后,不论执行何种资产类型、何种评估目的的资产评估业务,都须履行必要的资产评估基本程序,并且不得随意减少资产评估基本程序。按照计划和步骤有序开展资产评估业务,有利于规范资产评估机构及相关人员的职业行为,而且能有效避免在执行资产评估业务中出现重大纰漏,促进资产评估业务质量的有效提升,从而赢得客户和社会公众的信任,提高资产评估行业社会公信力。

(二) 为相关人员提供评估服务的评价依据

正确履行资产评估程序是评价资产评估机构和资产评估人员提供资产评估服务的重要依据。

资产评估结论是企业进行决策的重要参考依据之一,因此,资产评估服务必定会受到各方的关注,包括委托人、资产占有方、资产评估报告使用方、相关利益当事人、证券监督部门及其他行政部门、司法部门、资产评估行业主管协会以及社会公众、新闻媒体等。是否按照规定正确履行资产评估程序不仅是衡量资产评估机构和人员执行资产评估业务是否规范的重要标准,也为上述相关当事人提供了评价资产评估服务的依据。

(三) 防范执业风险

正确履行资产评估程序是资产评估机构和相关从业人员防范执业风险、保护合法权益、合理抗辩的重要手段。

随着我国资产评估实务的发展,我国资产评估委托方和受托方以及其他当事人之间由资产评估服务引起的纠纷和法律诉讼越来越多,政府和行业监管部门及司法部门对资产评估服务纠纷的追责,从早期对资产

评估结论的"高低""对错"的简单判断，转为重点关注资产评估机构和人员在履行必要资产评估程序方面是否存在疏漏或是否恰当履行了必要的资产评估程序。因此，正确履行资产评估程序是资产评估机构和相关人员执业防范的主要手段，也是在产生诉讼或纠纷时，合理保护自身权益、合理抗辩的重要手段。

第二节　开展现场调查

通过现场调查，可以对企业的现实状况有一个真实、准确、客观的了解，旨在深入考察企业的经营情况和管理状况，检验企业所提供的相关资料是否属实，从而为评估机构开展资产评估业务提供实际依据。现场调查是估价方法技术的选择、估价因数的修正、形成工作假设等工作的重要依据，是资产真实情况的反映，也是数据来源的基础，对于企业价值评估有着重要的意义。以评估基准日为基准时点，对资产实际情况进行评定估算，也可以对资产未来的潜能进行预测。

在评估机构进行现场调查时，应当重点关注以下几个方面。

一、企业业绩的真实性

对于上市公司而言，关联交易上市公司及其控股子公司与关联方发生的交易成为控股股东操纵上市公司利润的重要手段，紫鑫药业、银广夏等事件中的企业都是通过该手段虚增企业利润、抬高企业业绩。评估人员应当对企业业务的真实性进行考察，特别要注意关联交易在上市公司采购和销售环节所占的比例，这样可以有效检验企业业绩的真实性。同时，也应当适当深入调查重要子公司目前的经营状况，以防企业虚增利润，最终影响评估结果的可信度。

二、企业资产的真实性

企业资产的真实性对企业价值具有极大的影响。通过查看企业提供的资料，对各项内容进行账账核实、账表核实、账实核实。对资产进行盘查，根据实地调查，对资产的数量、质量和金额做出恰当的判断。

评估人员应当重点考察企业存货，了解入账存货的真实性，了解存货的报废情况和损坏情况，同时考察企业是否存在虚增存货的行为。因为存货和存货周转率也是企业虚增利润、"润色"财务报表和业绩的主要手段之一，评估人员在勘察过程中，还应当了解企业厂房的规模大小、结构类型和设备维修的情况，同时，企业是否有闲置厂房和设备以备未来生产发展的需要，对企业价值评估也具有极大影响。

三、企业土地价值的变动

在进行现场调查时，评估人员还应当考虑到企业土地价值的变动，注意其账面价值与公允价值是否存在较大差异。企业所拥有的土地使用权可以作为无形资产入账，也可以与建筑物一同作为房地产入账。作为一种稀缺资源，土地具有增值的趋势，然而在会计口径上，一般不会对土地的价值进行评估调整，就可能造成土地的公允价值和入账价值不符，从而会导致企业资产价值评估结果出现偏差，因此，评估人员需要通过走访调查，掌握被评估企业土地使用权的相关信息，将土地对企业价值评估的影响考虑在内。具体相关信息包括：①土地的权益状况，企业以什么方式取得土地使用权，使用权的终止日期和截止评估日的剩余年限；②土地利用情况；③周边土地相关信息等。

四、与企业经营状况有关的其他信息

通过到企业工厂、企业所在地进行现场调查，了解企业如何经营、经营效率如何、结果怎样，可以初步评估企业的发展前景。除了对企业业绩、资产进行考察,还须考察企业的原材料与供应商、企业与雇员或与政府之间的关系、企业的土地相关情况、企业人才状况和人力资源管理状况、企业知识产权状况和技术先进程度等因素,从多方面对企业经营状况进行深入了解,以便开展评估业务。

案例与思考3-1　高速公路企业的收益预测

在确定企业评估方法前,应当对企业所处行业进行详尽的现场调查,以了解企业的运营模式、行业性质、经营状况和市场情况。

以我国高速公路公司为例,该类企业的价值评估具有整体性、周期性、特殊性的特点。整体性是指,在进行评估时,企业的无形资产应当被纳入整体评估,也就是需要对该企业进行整体价值评估,对单个资产价值评估进行加总会使得最终评估结果偏离实际;周期性是指,高速公路公司在经营模式上区别于其他企业,具有周期性,这时企业的收益存在周期性、不稳定性;特殊性主要有两个方面:首先是高速公路公司的产品独特性,使其资产价值无法与其他企业进行准确比较,并且,在实际操作中,难以选取可比企业;其次是高速公路无形资产和有形资产的分离也有其特殊性。

确定该类企业的评估方法前,要明确评估对象和评估范围,确定是评估高速公路公司的资产还是评估企业价值。评估人员应当根据现场调查,了解该类企业的实际经营状况和市场情况,判断该类企业是否存在整体性、特殊性和周期性的特征,从而在不同的评估范围内选取恰当的评估方法对该类企业进行评估。在现场勘察中,重点调查企业在建造高速公路过程中采用的建筑技术以及时间、成本和质量的平衡,这些情况会影响高速公路在运营期内的运营成本,如果企业采用的技术落后,那么会增加日常维护成本,增加大型修缮次数,最终造成企业收益下降,影响企业价值评估。

通常来说，高速公路企业适用的评估方法是收益现值法，在采用收益法评估企业的公路收费权时，其影响因素一般有收费期限、投资者的期望投资回报率、公路未来的分车型车流量、分车型收费标准与运营费用和税金等。因此，在考虑公路未来车流量时，评估人员应当对车流量进行分析，因为车流量直接决定了公路的获利能力。这要求评估人员对所评估公路典型时期内通过某一横截面的分类车流量进行现场调查，根据若干典型日期的统计分析，推测一年内该公路的预测车流量。

案例与思考3-2 对康美药业财务造假的思考

2018年10月，业内自媒体发文质疑康美药业实施财务造假，认为该企业存在难以让人信服的"存贷双高"现象，即存货占总资产比例过高、毛利率远超同行、研发支出远低于同行研发支出，以及康美股东股权质押率极高。同年12月28日，中国证监会对康美药业下发立案调查的通知。2019年4月30日，康美药业发布了近300亿元前期会计差错更正，2019年8月16日，证监会证实了康美药业"会计差错"为"财务造假"（见表3-1）。

表3-1 康美药业造假情况

主要会计科目	2015年数据/亿元	2016—2018年累计虚增/亿元	虚增比例/%
营业收入	189	275	146
利润总额	32	39	122
货币资金	158	800	506
其他资产	56	36.05	64

在本次财务造假中，该企业一是使用虚假银行单据虚增存款，二是通过伪造业务凭证进行收入造假，三是将部分资金转入关联方账户买卖本公司股票。

从康美药业2017年追溯调整后的数据来看，2017年存货调增195亿元，调整后高达352亿元，调增幅度近125%，另外，其存货周转天数异常，2017年与2018年达到799天和923天，远高于行业平均水平279天和259天。显然，康美药业的存货占比真实性有待考证。

此外，2018年康美药业为维持收入增长，伪造授权委托书和现金日记账，将与副总经理许东瑾有业务往来的药材贸易商伪装成康美的一部分，堂而皇之地将该业务并入康美的合并资产负债表，从而达到虚增利润的目的。

在本案例中，存货的大幅调增应当引起评估人员的注意，评估人员应当派人前往仓库进行实地考察，以了解真实的存货价值和周转情况。对于企业关联方交易，应当通过对企业外部人员进行走访调查，从而确保业务的真实性。进行现场调查后，若发现存在不符现象，应当及时向当事人求证，若存在违法行为，应当及时向有关部门检举。

资料来源：根据中国证券监督管理委员会官网、东方财富网等公开资料整理。

第三节　签订资产评估业务委托合同

评估机构在承接企业资产价值评估项目时，需要遵循《中华人民共和国资产评估法》和《资产评估准则》的相关条例，做好前期准备，开展相关工作。在通过现场了解企业状况，决定承接企业所委托的评估业务后，须与企业签订资产评估业务委托合同。委托合同中需要根据《资产评估执业准则——资产评估委托合同》中的具体细则，明确相关基本事项，保证业务合同的合理性、合法性和完整性。

一、业务委托合同的概念

资产评估业务委托合同是资产评估机构与委托人共同签订的，以确认资产评估业务的委托与受托关系，明确委托目的、被评估资产范围及双方权利义务等相关重要事项的合同。

二、资产评估业务委托合同的基本内容

（一）业务委托合同的具体规定

评估机构在接受企业委托后，应当与委托方签订资产评估业务委托合同。资产评估业务委托合同的签订须明确评估目的、对象、评估基准日及客户的各项要求，明确双方的权利、义务、违约责任和争议解决等内容。在签订委托合同后，若存在未明确的内容，可以采取订立补充合

同等方式进行后续约定。委托合同的基本内容在《资产评估职业准则——资产评估委托合同》第三章中做出了具体约定：

《资产评估职业准则——资产评估委托合同》[①]

第六条 资产评估委托合同通常包括下列内容：

（一）资产评估机构和委托人的名称、住所、联系人及联系方式；

（二）评估目的；

（三）评估对象和评估范围；

（四）评估基准日；

（五）评估报告使用范围；

（六）评估报告提交期限和方式；

（七）评估服务费总额或者支付标准、支付时间及支付方式；

（八）资产评估机构和委托人的其他权利和义务；

（九）违约责任和争议解决；

（十）合同当事人签字或者盖章的时间；

（十一）合同当事人签字或者盖章的地点。

订立资产评估委托合同时未明确的内容，资产评估委托合同当事人可以采取订立补充合同或者法律允许的其他形式做出后续约定。

第七条 资产评估委托合同载明的评估目的应当表述明确、清晰。

第八条 资产评估机构应当与委托人进行沟通，根据资产评估业务的要求和特点，在资产评估委托合同中表述评估对象和评估范围。

第九条 资产评估委托合同应当明确资产评估基准日。

第十条 资产评估委托合同应当明确资产评估报告的使用范围。使用范围包括资产评估报告使用人、用途、评估结论的使用有效期及资产评估报告的摘抄、引用或者披露。

（一）资产评估委托合同应当明确资产评估报告使用人。如果存在

---

① 该准则由中国资产评估协会制定，2017年10月1日起实施。

委托人以外的其他使用人,资产评估委托合同应当明确约定。

资产评估委托合同应当约定,资产评估报告仅供资产评估委托合同约定的和法律、行政法规规定的使用人使用,其他任何机构和个人不能成为资产评估报告的使用人。

(二)资产评估委托合同应当约定,委托人或者其他资产评估报告使用人应当按照法律、行政法规规定和资产评估报告载明的使用目的及用途使用资产评估报告。

委托人或者其他资产评估报告使用人违反前述约定使用资产评估报告的,资产评估机构及其资产评估专业人员不承担责任。

(三)资产评估委托合同应当约定在载明的评估结论使用有效期内使用资产评估报告。

(四)资产评估委托合同应当约定,未经委托人书面许可,资产评估机构及其资产评估专业人员不得将资产评估报告的内容向第三方提供或者公开,法律、行政法规另有规定的除外。

(五)资产评估委托合同应当约定,未征得资产评估机构同意,资产评估报告的内容不得被摘抄、引用或者披露于公开媒体,法律、行政法规规定以及相关当事人另有约定的除外。

第十一条 资产评估委托合同应当约定完成资产评估业务并提交资产评估报告的期限和方式。

第十二条 资产评估委托合同应当明确资产评估服务费总额或者支付标准、计价货币种类、支付时间及支付方式,并明确资产评估服务费未包括的与资产评估服务相关的其他费用的内容及承担方式。

第十三条 资产评估委托合同应当约定,委托人应当为资产评估机构及其资产评估专业人员开展资产评估业务提供必要的工作条件和协助;委托人应当根据资产评估业务需要,负责资产评估机构及其资产评估专业人员与其他相关当事人之间的协调。

第十四条 资产评估委托合同应当约定,遵守相关法律、行政法规和资产评估准则,对评估对象在评估基准日特定目的下的价值进行分析和估算并出具资产评估报告,是资产评估机构及其资产评估专业人员的责任。

第十五条　资产评估委托合同应当约定,依法提供资产评估业务需要的资料并保证资料的真实性、完整性、合法性,恰当使用资产评估报告是委托人和其他相关当事人的责任;委托人或者其他相关当事人应当对其提供的资产评估明细表及其他重要资料的真实性、完整性、合法性进行确认,确认方式包括签字、盖章或者法律允许的其他方式;委托人和其他相关当事人如果拒绝提供或者不如实提供开展资产评估业务所需的权属证明、财务会计信息或者其他相关资料的,资产评估机构有权拒绝履行资产评估委托合同。

第十六条　资产评估委托合同应当约定,委托人提前终止资产评估业务、解除资产评估委托合同的,委托人应当按照已经开展资产评估业务的时间、进度,或者已经完成的工作量支付相应的评估服务费。

委托人要求出具虚假资产评估报告或者有其他非法干预评估结论情形的,资产评估机构有权单方解除资产评估委托合同。资产评估委托合同当事人可以约定由委托人按照已经开展资产评估业务的时间、进度,或者已经完成的工作量支付相应的评估服务费。

因委托人或者其他相关当事人原因导致资产评估程序受限,资产评估机构无法履行资产评估委托合同的,资产评估机构可以单方解除资产评估委托合同;当事人可以在资产评估委托合同中约定由委托人按照已经开展资产评估业务的时间、进度,或者已经完成的工作量支付相应的评估服务费。

第十七条　资产评估委托合同应当约定当事人的违约责任。资产评估委托合同当事人因不可抗力无法履行资产评估委托合同的,根据不可抗力的影响,部分或者全部免除责任,法律另有规定的除外。

第十八条　资产评估委托合同应当约定资产评估委托合同履行过程

中产生争议时争议解决的方式和地点。

第十九条 资产评估委托合同订立后发现相关事项存在遗漏、约定不明确，或者在合同履行中约定内容发生变化的，资产评估机构可以要求与委托人订立补充合同或者重新订立资产评估委托合同，或者以法律允许的其他方式对资产评估委托合同的相关条款进行变更。

（二）相关基本事项

明确业务基本事项是资产评估机构和相关人员履行企业资产评估程序的第一个基本环节，同样也是前期工作准备的首要环节。该环节包括相关当事人签订资产评估业务约定书之前的一系列基础性工作，这些工作需要资产评估机构和相关人员同委托人一同开展，能够对资产评估项目风险评价、承接与否以及能否顺利开展该资产评估业务产生实际意义。根据《资产评估准则》第九条的规定，资产评估机构受理资产评估业务前，应当明确下列资产评估业务基本事项：①委托人、产权持有人和委托人以外的其他资产评估报告使用人；②评估目的；③评估对象和评估范围；④价值类型；⑤评估基准日；⑥资产评估报告使用范围；⑦资产评估报告提交期限及方式；⑧评估服务费及支付方式；⑨委托人、其他相关当事人与资产评估机构及其资产评估专业人员工作配合和协助等需要明确的重要事项。该准则明确规定：资产评估机构应当对专业能力、独立性和业务风险进行综合分析和评价；受理资产评估业务应当满足专业能力、独立性和业务风险控制要求，否则不得受理。

1. 明确委托人、产权持有人和委托人以外的其他资产评估报告使用人

首先，评估机构应该明确委托人及产权持有人的基本情况，包括但不限于：①委托人及产权持有人全称；②委托人及产权持有人类型、所属行业、注册地址和注册资本；③委托人及产权持有人所属行业、经营范围；④委托人的诚信记录；⑤委托人和产权持有人之间的关系等。

其次，明确评估报告使用人。根据不同的经济行为，资产评估报告

的使用群体有所不同。在接受委托前，评估机构应当在尽可能的情况下要求委托企业明确资产评估报告的使用人及用途。并且，除委托人和国家法律、法规规定的相关评估报告使用人外，评估机构应当采取行动，了解是否还存在除上述人员外的其他资产评估报告使用人，以便最大限度地把握潜在风险，满足受托方的个性要求。

最后，明确委托人与相关当事人的关系。评估机构应当了解委托人与产权持有人、委托人与评估报告使用人、产权持有人与评估报告使用人之间的关系。在实务中，当评估业务委托人与评估对象产权持有人不是同一主体时，了解委托人与其他相关当事人之间的关系显得极其重要。

在资产评估业务中，业务委托人与产权持有人的关系会影响到相关当事人的配合程度，也会影响到资产评估程序后续的开展。因此，如果资产评估机构派出的专业人员在明确业务基本事项时，了解到委托人与产权持有人不是同一主体，且委托人与被评估对象所在单位或产权持有人不存在投资关系或不是关联方，那么，评估机构在签订委托合同前就应该明确提出相关配合度的问题，同时，还应该正确评估委托人对产权持有者的协调能力，以便后续开展相关资料收集和现场勘察等评估程序，若产权持有者存在不配合的问题，会直接影响最终的资产评估结果。

2. 明确评估目的

评估目的取决于委托人的具体经济行为，评估项目负责人应该明确评估目的，不同的目的会影响评估方法的选择，最终对评估结果产生影响。资产评估的目的分为一般目的和特定目的。一般目的是由资产评估的性质及其基本功能决定的，而特定目的通常是资产业务对资产评估结果用途的具体要求。评估目的直接或间接制约和影响着资产评估项目的条件和价值类型的选择。资产评估的目的不同，资产在使用时所具备的条件就不同，企业的价值类型选择也会不同，该资产产生的预期收益也不同，从而影响评估方法的选择，不同的评估方法将导致不同的评估结果。因此，资产评估机构及其资产评估专业人员应当根据委托人所述的特定经济行为，明确评估目的，以便开展后续业务。

资产评估的一般目的可以理解为在各种交易条件下对资产的公允价值做出判断，并给出这些资产在交易条件下的公允价值。公允价值是资产评估人员根据委托评估对象自身条件及其所面临的市场情况，对该评估对象客观交换价值的合理估计值。在不考虑资产交易或引起资产评估的特殊需求时，资产评估所要求的一般目的只能是资产在评估时点的公允价值。

评估的特定目的不同，所选择的价值内涵，即价值类型也不同，从而导致不同的评估结果。具体来说，资产评估的特定目的主要有：资产转让、企业兼并、企业出售、企业联营、企业清算、债务重组等。

企业委托进行整体资产评估，主要有以下三大目的：

第一，管理目的。通过评估企业整体资产，量化企业管理，并对外披露公司整体实力。

第二，资产运作。包括作价转让、质押贷款等。

第三，资本运作。包括参资入股、置换股权、合资合作、增资扩股。

3. 明确评估基准日

评估基准日是确定评估结果有效期的重要依据。合理地选取评估基准日，有助于客观、真实地反映特定评估目的下被评估对象的公允价值，减少日后调整事项，提升资产评估业务质量。在资产评估过程中，明确评估基准日有利于使评估结果有效地服务于评估目的，也能避免评估基准日选取不当给相关当事人造成不必要的损失。

评估基准日并非资产评估师进行现场勘察鉴定、评定估算的日期，评估基准日可以根据业务需要自行选择勘察估算日期以外的其他日期。需要注意的是，评估基准日离勘察估计日期越远，资产价值影响因素的可变性就越大，评估过程中不确定性因素就越多，评估难度也就越大。

因此，在满足资产评估目的的情况下，尽可能选择与勘察估计日期相近的或与评估目的实现日相近的评估基准日，以减少评估基准日选取不当所带来的偏误评估结果。

评估基准日的选取须具体考虑以下三个因素：①评估机构应当根据被评估企业的具体经济行为的性质来选定评估基准日，应当与委托方共同商议决定，并尽可能靠近评估目的的实现日；②评估基准日所产生的结果应当有效服务于评估目的，避免存在日后事项调整；③评估基准日应当有利于后续评估程序工作的开展。

4. 明确评估对象和评估范围

开展评估工作前，须明确评估对象，确定哪些资产要评估、哪些资产不属于评估范围。例如，国有企业股份制改组中，是以全部资产作价入股，还是以企业净资产，以剥离企业办社会性资产后剩余的全部净资产或全部资产，以剥离非经营性资产和企业办社会性资产后剩余的全部资产等作价入股，这些问题都是需要明确界定的，直接影响到评估范围的确定。

5. 明确价值类型

根据不同的价值类型，评估人员会选择不同的评估方法，从而产生不同的评估结果，因此，价值类型是影响和决定企业资产价值评估结果的重要因素。根据评估界的一般分类，价值包括市场价值、投资价值、在用价值、清算价值、残余价值和其他价值。在签订委托合同时，资产评估人员应就资产价值类型的选择、定义和对应的假设，与委托企业达成一致。

6. 其他具体事项

根据资产评估准则的规定，除上述事项外，在签订委托合同前，企业和资产评估机构还应该就评估报告适用范围、资产评估报告提交期限及方式、评估服务费及支付方式等重要事项达成一致，以便顺利开展后续工作，避免造成不必要的纠纷。

第四节　评估资料的收集与整理

《资产评估准则——企业价值》第十四条规定：注册资产评估师执行企业价值评估业务，应当根据评估业务的具体情况，收集并分析被评估企业的资料和其他相关资料，通常包括：评估对象相关权益状况及有关法律文件、评估对象涉及的主要权属证明资料；企业的历史沿革、主要股东及持股比例、主要的产权和经营管理结构资料；企业的资产、财务、经营管理状况资料；企业的经营计划、发展规划和未来收益预测资料；评估对象、被评估企业以往的评估及交易资料；影响企业经营的宏观、区域经济因素的资料；企业所在行业现状与发展前景的资料；证券市场、产权交易市场等市场的有关资料；可比企业的财务信息、股票价格或者股权交易价格等资料。

收集相关资料后，资产评估机构项目负责人应当就委托企业提供相应的企业业务清单、资产明细清单、相关财务报表等资料，通过双方协调沟通，分别从法律、技术及企业获利能力方面确定评估对象的定性、定量资料。对于非财务信息，重点采用行业分析和战略分析的方法，对于财务信息的整理分析，重点利用企业财务历史数据进行会计分析和财务分析。

一、信息资料的收集

（一）企业财务信息

检验企业信息披露真实性是资产评估程序中的关键环节，评估机构应当尽可能对企业内部信息进行实际调查，收集与企业相关的财务信息，确保企业财务报表披露的情形与企业实际管理状况、经营状况和市场情况相符。

1. 企业财务报表

企业财务报表是根据企业会计准则编制的系统性报表，由四个部分组成：资产负债表、利润表、现金流量表和附注。

在进行资产评估时，所选取的财务报表年度期限应当为评估基准日之前3~5个会计期间的财务报表，通过财务报表的信息披露了解企业在评估基准日前3~5年的经营状况。如果在评估基准日前企业经营状况发生较大变化，可选取3年内或更短期限作为财务信息收集期间。

评估机构应当考虑财务报表的真实性，如报表中所披露的相关净资产收益、净利率、年化投资回报率和相关费用、利润的匹配度是否真实，需要评估机构派遣专业人员对企业相关资产所在地或产权所属地进行现场勘察，以保证评估项目的有效进行。

2. 关联方交易

收集关联方交易资料的重要性，从本章第二节"康美药业财务造假的思考"中可以看出。根据《企业会计准则第36号——关联方披露》，一方控制、共同控制另一方或对另一方施加重大影响，以及两方或两方以上同受一方控制、共同控制或重大影响的，构成关联方。也就是说，关联方能够对公司的经营政策产生一定的影响，能够参与一定的决策。如果资产评估对象所在企业有关联企业，应当重点审查和调查关联方交易，避免出现企业财务报告所披露的信息与实际经营状况、管理状况和市场情况不相符的情况，确保资产评估所获取的信息真实、有效，一旦发现造假情况，应当立即停止评估项目，并向有关监管部门提供评估现场调查资料，正确履行社会责任。

（二）法律文件

评估机构对资产评估对象所在企业法律文件进行实际调查，旨在确保企业的合法地位，还可以根据法律文件，收集被评估企业的价值类型、评估对象的权益归属和相关法律证明。重点调查以下三个方面：企业与其关联方的正式法律记录；股权变动的信息是否真实、合法；公司和核心管理人员的聘用合同。

（三）企业有关的其他资料

1. 交易清单

评估人员不仅需要收集该企业与关联企业的交易清单，也需要收集其与其他企业的交易清单。对交易清单的核实，可以确保企业所提供信息的真实性，避免出现评估过程中的重大遗漏，促进评估项目的顺利进行。

在银广夏财务造假案例中，注册会计师未能有效执行应收账款函证程序，对于无法执行函证程序的应收账款，审计人员在运用替代程序时，未取得海关报关单、运单、提单等外部证据，仅根据公司内部证据便确认公司应收账款。在本章第二节康美药业的案例中，该企业也通过伪造交易凭证将关联方的交易并入本企业的业务中，从而达到虚增利润的目的。因此，资产评估人员在进行资料收集时，应注意到交易清单等相关单据资料是不可或缺的，其直接关系到企业是否存在财务造假等问题。

2. 宏观经济资料、区域经济资料和行业资料

宏观经济资料和区域经济资料主要是指结合国家和地区经济形势，相关财政、货币政策等的资料，行业资料包括企业所处行业的相关政策、经营模式、竞争情况及周期性、特殊性等资料。结合上述资料，可

以把握企业所在行业当前发展的经济环境和未来发展趋势，并且，来自政府等权威平台的资料具有权威性，可以用于后续对企业进行行业分析和战略分析。

二、对信息资料的核查

在对企业财务信息进行核查时，评估人员可以采用询问、书面审查以及复核等方式对已经审核的财务报表及其附注进行核查，也可以同样的方式对未经审计的财务资料进行核查，将财务报表项目中有关数据与相关账簿进行核对。对现金、票据以及实务性资产等各类资料的核查，可以通过实地调查、书面审查等方式开展。对交易清单、银行存款、异地存货、往来账款、交易性金融资产等相关资料的核查，可以采取函证方式进行。

三、资料的整理分析

（一）非财务信息

行业分析是指对某一特定行业的特征、生命周期和盈利能力进行分析。通过从企业内部、政府部门、证券市场交易机构、行业协会或管理机构等渠道获取的信息，确定评估企业所处行业的基本状况和发展潜力，从而辨别影响企业获利能力、技术水平提升的主要因素和风险，这对于企业经营业绩的评估和可持续发展具有重要作用。

企业战略分析要基于行业分析，行业分析的结果影响着被评估企业竞争战略和发展战略制定的合理性。

（二）财务信息

1. 会计分析

会计分析是财务分析的前提，在进行财务分析前，需要了解企业的会计政策、会计方法和会计披露。一方面，会计分析可以通过对会计口径、会计方法的评价，对所评估对象进行定性分析；另一方面，通过对会计估价的调整修正相关会计数据，确保后续财务分析的可靠性，为资产定价模型确定提供必要定性基础。

2. 财务分析

财务分析主要是对企业的盈利能力、偿债能力、营运能力和增长能力进行分析，从而评价企业的财务状况、经营成果和现金流量等情况，有助于评估人员判断被评估企业的盈利能力、财务风险与发展前景，也为资产定价模型提供了可获得数据，确定被评估企业的定量分析的相关资料。

案例与思考3-3　次级债定价的定量模式[①]

次级债对于发行人来说是一种金融负债，对于持有人来说是一种金融资产。首先根据《企业会计准则第22号——金融工具确认和计量》第七条，企业应当在初始确认的时候根据该金融资产的用途将其划分为四大类：以公允价值计量并且其变动计入当期损益的金融资产，包括交易性金融资产和指定为以公允价值计量且其变动计入当期损益的金融资产；持有至到期投资；贷款和应收款项；可供出售金融资产。

次级债的发行方式可以分为公开募集和定向募集，募集方式会对次级债金融资产的初始确认产生影响。对于公开发行，但持有目的明确，且公开市场交易不频繁的次级债券，一般划分为"可供出售金融资产"；对于定向募集，一般持有至存续期末的次级债，基本划分为"持有至到期投资"。以上两种次属性的次级债的公允价值和账面价值由于流动性差难以计算出实际价值，因此，笔者利用期权定价模型——B-S模型，将银行数据引入其中，构建了次级债定价的定量模式，尝试给出了适用于一般清偿规则的次级债定价方法。

---

① 杨伟光. 商业银行次级债的发行定价研究[J]. 时代金融,2013(32):154,157.

笔者根据期权定价模型，设银行总资产 V_t 的运行过程服从几何布朗运动，μ 为资产的期望增长率，σ 为资产波动率，W_t 是标准布朗运动，γ 为无风险利率。满足公式：

$$\frac{dV_t}{V_t} = \mu dt + \sigma dW_t$$

次级债的价格 $D(t, V_t)$ 满足方程：

$$\frac{\partial D}{\partial t} + \frac{1}{2}\sigma^2 V^2 \frac{\partial^2 D}{\partial v^2} + \gamma V \frac{\partial D}{\partial V} - \gamma D = 0$$

通过两式联立，可以得出次级债面值 D 的计算公式。主要通过计算银行总资产、资产波动率和无风险利率等参数得出面值 D，再结合次级债的期限和面值，计算出内涵收益率，再与其实际发行利率进行比较。

在实际计算中，本案例选取了国内商业银行普遍发行的5~10年期次级债，选取无风险利率（γ）为10年期同期发行的国债利率作为无风险利率（4.5%）。资产波动率（σ）来源于国泰安数据库中关于中国银行业价格指数的统计结果5.9%。将上述数据代入构建的模型中，得到某10年期中国商业银行发行次级债的面值为60.4元，为得到内涵收益率，通过对未来现金流的折现得出内涵收益率为5.10%。但根据所收集的数据，实际发行时，次级债的发行利率为4.62%，明显存在低估风险，两个利率相差近48bp。

第五节 社会及市场调研

社会调查及市场调研对于整个评估过程具有重要意义,不仅可以帮助评估人员获得更加可靠的相关企业信息,还可以基于调研分析市场需求、价格信息、技术指标、经济指标、国家政策等因素,从而提高企业资产价值评估的效率。

一、社会及市场调研的作用

除现场考察外,通过所获取的资料,形成系统、合理的社会及市场调研也是了解企业历史、企业经营现状、企业财务状况的重要手段。

(一)帮助评估人员了解企业历史

社会和市场调研可以帮助评估人员了解企业历史。了解企业如何发展创立,企业在发展中是否出现过并购、资产重组等经济事件,企业股权结构是否有变化,企业战略是否有调整等,在进行企业资产价值评估时,以上历史和重大事件都是应该考虑的因素。

(二)帮助评估人员了解企业经营现状

评估人员通过实地调研,可以了解企业的主营业务,确定企业所述现有资产和所提供的资料是否属实,并且,在访谈或调研过程中,还可以了解到企业的市场需求和发展前景,从而对被评估企业的情况和经营状况的真实性进行粗略评估。

（三）帮助评估人员了解企业财务状况

为了鉴别企业财务披露信息的真实性，评估人员可以对相关人员，如财务负责人、注册会计师及律师等进行走访询问。内容包括但不限于企业的盈利能力、股东分红等情况，通过简单询问，评估人员可以对企业的财务状况有更为清晰的认识。

（四）帮助评估人员了解企业外部信息

企业外部信息包括国家政策、行业动态、经济指标等内容。通过调研，可以了解当前企业所处行业宏观经济形势、政策、法律法规等因素，在评估程序中为风险程度的确定提供依据。

（五）为特定价值评估方法提供依据

以房地产企业为例，如果某个资产评估机构接受企业委托，评估房地产企业的资产价值，那么就需要应用到市场售价类比法，这是目前房地产评估中广泛应用的方法，其前提条件是需要收集大量的交易资料，这就要求评估人员通过对企业的大量市场调研，掌握市场售价类比法下评估该企业房地产价值所需的交易资料。因此，社会及市场调研也为特定价值评估方法提供了参考依据和有效资料。

二、调研范围

评估人员在进行社会及市场调研时，调研对象包括但不限于企业法人代表、企业核心管理层、产权持有人、企业外部人员。值得注意的是，对企业外部人员的调研访谈是非常有利于评估工作开展的，因为外部人员虽与企业具有密切联系，但本身不是企业的雇员，因此，可以获得其对企业的客观评价和看法。一般来说，外部人员包括：与企业有业务往来的公司、客户，或与企业有关的会计师、律师等人员。

三、调研技术

（一）访谈记录

评估人员在进行访谈时应当选取相关的访谈对象，既要考虑企业内部人员也要考虑企业外部人员，结合二者的访谈，尽量客观真实地反映被评估企业的相关信息。在访谈过程中，应当对访谈过程进行记录，以确保资料的完整性。

（二）检查勘探

通过到实地进行勘探，结合企业提供的财务报表，核对企业所披露的存货、机器设备等固定资产是否如实反映了企业的财务状况，此外，还可以选择性地跟进企业的业务，其可以客观、真实、准确地反映企业的经营效率。

第六节　出具资产评估报告

资产评估人员在执行必要的程序，形成评定估算结论后，应当综合评估结果，起草资产评估报告，在规定日期内向委托人出具评估报告并进行内部审核，征求相关意见，最后完善、编制并出具评估报告。

一、起草资产评估报告

通过前期工作的顺利开展，在每一项单个资产得出结论后，根据人员分工，将其交给各负责人进行分析和复核，如有误差及时调整，最终形成合理的评估结论，汇总评估明细表，初步起草资产评估报告。但值得注意的是，在进行企业价值评估时，评估结果可能会涉及调整。

根据《资产评估执业准则——资产评估报告》对相关资产评估报告的规范要求，资产评估报告正文应当包括：委托人及其他资产评估报告使用人；评估目的；评估对象和评估范围；价值类型；评估基准日；评估依据；评估方法；评估程序实现过程和情况；评估假设；评估结论；特别事项说明；资产评估报告使用限制说明；资产评估报告日；资产评估专业人员签字和资产评估机构印章。

二、实行内部审核制度

根据相关法律法规、《资产评估准则》的规定以及评估机构内部质量控制制度的要求，资产评估人员汇总评估明细表后起草的初步评估报告应当进行必要的内部审核。评估报告审核是对已经完成的评估报告进行检查并提出意见的行为或过程。

（一）资产评估内部审核制度

资产评估内部审核制度是指，资产评估机构内部人员对本评估项目已完成但尚未正式出具的资产评估报告进行审查、核对，并提出具体修改意见。《资产评估准则》和《中华人民共和国资产评估法》均未对审核级次做出具体要求，但在实务中，内部审核存在审核级次，有两级审核制度也有三级审核制度。

（二）审核的主要内容

资产评估报告审核的主要内容包括：评估程序的履行情况；评估资料的完整性、适时性和客观性；最终评估结果的合理性；评估目的、价值类型、评估假设、评估参数以及评估结论在性质和逻辑上的一致性；等等。

项目团队层级审核的主要内容包括：评估依据是否充分；评估模型应用、表格连接关系是否正确；各项内容是否完整，有无遗漏、缺陷事项等内容。

三、与委托人或相关当事人进行沟通

在出具最终资产评估报告前，资产评估机构和人员应当与委托方进行必要的沟通，有助于了解委托人和相关当事人对评估结论的反馈意见，也有助于委托人或者相关当事人合理理解评估结论，正确使用评估报告。

沟通的内容包括但不限于是否履行了评估委托合同约定的内容、评估方法的适用性和参数选取的合理性、评估目的、价值类型和评估方法的匹配项等。对委托方提出的问题和建议，评估专业人员应当在充分保证自身独立性的前提下，采纳委托人的相关建议，对其指出的纰漏进行修改完善。需要注意的是，在听取委托人的建议时，须保证评估结论的客观性和公正性，并在沟通过程中明确表明沟通意见不一定会导致评估结果发生变化，同时对沟通内容进行必要的记录，将其作为存档依据。

四、出具评估报告

沟通若导致评估人员修改评估结果，应按照资产评估机构内部审核制度要求履行审核程序，并重新出具评估报告。按照约定的时间和方式向委托人提交资产评估报告，是评估机构履行评估委托合同约定责任的要求。评估机构应当以评估委托合同约定的方式向委托人提交正式资产评估报告。

复习思考题

1. 评估机构进行现场调查的意义何在？
2. 企业价值评估应当包括哪些主要程序？
3. 评估资料收集包括哪些方面？如何对相关资料进行核实？
4. 评估程序对评估业务的开展有何意义？

第四章

估值中需要考虑的因素

在对企业的估值过程中,需要结合估值对象本身及其外部环境进行综合分析。本章主要从外部环境、行业、人力资源、营销和经济周期五个角度,对估值中需要考虑的因素进行详细阐述。

第一节　外部环境因素

在对企业进行估值的过程中，外部环境因素是不可忽视的重要部分。外部环境中的政治、军事、文化和区域因素会通过不同的路径，作用于公司的经营与价值变化。

一、政治因素

（一）政治与政治因素

政治是指政府、政党等治理国家的行为，是以国家权力为核心展开的各种社会活动和社会关系的总和。政治是以经济为基础的上层建筑，是经济的集中体现。

政治因素可以归纳为国内和国际两类因素。国内政治因素是指发生在国内的政治活动与影响，包括总统大选、政变、罢工、内战等；国际政治因素是指发生在全球范围内的政治活动和变化，包括国家间的战争、经济制裁活动、战略性的物资囤积等。

政治因素也可以按照性质划分为政局因素和政策因素两个类别。政局因素是指宏观的政治环境与局势，政策因素是指国家政权机关、政党组织和其他社会政治集团为了实现自己所代表的阶级、阶层的利益与意志，以权威形式标准化地规定在一定的历史时期内应该达到的奋斗目标、遵循的行动原则、完成的明确任务和实行的工作方式等。

(二) 政治因素对估值的影响

政治因素对企业估值的影响可以从多个方面进行分析：

从宏观层面来看，稳定的政治环境是经济平稳运行的基石。不稳定的政局因素将导致国家政治环境和经济环境的动荡，进而增加国家风险，给企业的未来收益和波动性带来不利的冲击。不同的经济政策也会为各行业和企业带来不同影响。例如，针对行业出台的行业结构调整计划和扶持计划，有助于优化行业内资源配置、促进区域内市场的发展和形成，进而对企业产生影响。

从微观层面来看，政治因素通过影响无风险利率、经济增长率和企业未来现金流干预企业估值。首先，估值过程中采用政府债券利率作为无风险利率。国家的违约利差受国家货币的稳定性、预算、贸易平衡和政治稳定性的影响。因此，政治因素会增加国家风险和政府潜在的违约可能性，并体现在政府债券利率当中。当政府债券利率和实际无风险利率相背离时，估值的准确程度就会降低。其次，政治是经济的上层建筑，对经济具有反作用。不稳定的政局或不合理的政策将对经济产生负面影响，降低经济增长率；平稳的政局和科学的政策则有助于提升经济增长率。企业的发展与国家整体经济状况息息相关，企业的未来现金流与国家整体经济增长率也有密切联系。

二、军事因素

(一) 军事与军事因素

军事即有关军队和战争的事务，涉及领域较广，与政治、经济、科技和文化有着密切的联系。军事是和平的保障手段之一，是政治的延续，服从和服务于政治的需要。军事是政治斗争的手段和实现对外目标的工具，关系到国际政治目标的实现与否。

军事因素包括军备实力、国防力量、战争情况等。军备实力会影响一国在国际上的话语权，具有稳定国内政局的能力。国防力量直接关系到政权应对国内外冲突的能力。战争情况则与国内经济和社会环境密切相关，通常处于战争状态下的国家会承受更大的经济压力，经济环境和社会环境容易遭受冲击。军事因素和经济发展之间存在相互作用：在国内经济向好、经济实力提升的情况下，国家有能力加大在科技和军备上的投入，促进军事实力的提升；而强劲的军事实力则可以为国内经济环境稳定提供保障。

（二）军事因素对估值的影响

军事因素影响宏观经济的平稳运行，进而对企业价值产生作用。军备实力和国防力量薄弱的国家更容易受到战争的影响，国家风险较大，因此企业的运行和未来盈利具有更多的不确定性。处于战争中的国家面临更高的国家财政负担，影响国家财政收支平衡。由于战争，国家的经济和社会环境的稳定性都会遭到破坏，企业风险也由此上升，其收益能力也将受到冲击。

三、文化因素

（一）文化与文化因素

文化是指相对于经济、政治而言的人类全部精神活动及其产品，包括一切社会意识形式：自然科学、技术科学和社会意识形态。社会文化因素涉及社会道德风尚、文化传统、人口变动趋势、文化教育、价值观念和社会结构等方面。

（二）文化因素对估值的影响

文化因素对企业估值具有直接和间接的影响。一方面，文化可以通过形成文化模式，直接推动企业蓬勃发展，助其创造收益。例如"奥运经济"，奥运会举办国的企业围绕开发奥运资源进行经济活动，通过投资比赛场馆和相关设施的建设，加入赞助计划、特许计划以提升品牌知名度，提升销售收益。另一方面，文化可能通过影响社会氛围和风向间接推动经济发展,进而影响企业估值。例如,中国明清之际"弃儒就贾"的文化风气盛行,直接推动商业经济蓬勃发展,为企业发展提供了更有活力的经济环境。

四、区域因素

(一) 区域与区域因素

区域是指一定的地域空间,根据某些特征可将一片地域划分为不同区域。不同区域具有不同的特征,这些特征可能对企业估值产生影响。能够对企业估值产生影响的区域因素包括位置、交通、信息化程度和区域政策等。

(二) 区域因素对估值的影响

1. 位置

企业位置与企业价值存在关联。优异的地理位置有助于增强企业的经营和竞争优势。例如,北京中关村的发展就是由于其距离政治中心和高等学府较近,便于吸收人才和发展基础设施。因此,高新科技企业基于位置优势纷纷选址该区域,以提升竞争优势、增加企业价值。

2. 交通

通常而言,发达的交通有利于提升企业价值。高效、安全的交通运输系统有利于拉近各城市和工业中心的距离,有利于形成统一的市场竞争机制、传播科学技术以及推动贸易发展,为企业提供更加良好的发展环境。良好的交通运输系统为开发自然资源提供了可靠、廉价的运输保障,进而促进了企业对自然资源的需求,加大了企业对自然资源的开发力度。

3. 信息化程度

信息化是指以现代通信、网络、数据库技术为基础,将所研究对象各要素汇总至数据库,以辅助主体进行决策和活动的一种技术。在信息化程度较高的区域，企业可以提高经营决策和效率，拥有更强的盈利能力。

4. 区域政策

区域政策是指以政府为主体，以协调区域经济发展为对象，为弥补市场在空间范围配置资源失灵而采取的相应对策的总称。从覆盖内容上看，包括区域经济政策、区域社会政策、区域环境政策、区域政治政策、区域文化政策等方面。区域政策和企业成本息息相关，根据区域政策特点选址有利于企业降低成本。例如，开曼群岛致力于推动离岸金融服务业的持续发展，为企业提供优惠政策，因此开曼群岛成为除中国香港外客商最常选择的离岸公司注册地。

第二节 行业因素

行业因素与企业价值有着密不可分的联系。从行业周期看，处于不同周期的企业有着不同的价值特征和估值难点；从行业经济结构看，对经济周期敏感性不同、投入要素侧重点不同的企业，在估值上要采取不同的应对方式；从行业影响因素上看，可以通过波特五力模型对行业竞争程度进行剖析，进而分析其对企业估值的影响。

一、行业周期分析

企业价值取决于现有资产的估值和未来现金流的大小、时间和可预测性。各行业中的企业周期可分为幼稚期（初创期）、成长期、成熟期和衰退期。企业在不同阶段的盈利情况、经营历史和估值依据具有不同的特征。

（一）初创期

任何期望进一步发展的经济体中都必须拥有一定数量的初创期企业，因为此类企业会带来全新的创意和蓬勃的竞争活力。处于初创期的企业具有如下特征，并伴随着诸多估值困难。

第一，初创期企业的规模通常较小，收入有限或还未取得盈利，但有较大的发展潜力。通常情况下，初创期企业处于商业创意萌发或商业产品刚实现的阶段。在这个阶段，企业用于运行和投资的开支较大，在市场中尚未形成规模,因此收入有限,甚至可能亏损。

第二,初创期企业的经营历史短暂,财务数据较少。部分企业可能只有一到两年的经营历史,有些企业甚至自创建起还未存活至一年。缺乏可参考的经营历史和财务数据使得对初创期企业的估值难度骤增。初创企业的大部分价值都来自增长型资产,然而经营收入历史的匮乏使得对企业未来收益的估计变得更加困难。

第三,初创期企业的可比对象较少。在初创期的行业当中,大部分企业处于初创期阶段,经营历史较短,缺乏比较价值。不管是本公司还是比较公司,其财务报表都难以为初创期企业的估值提供未来潜在利润和收益的线索。此外,企业也很难从自身或比较对象的历史数据中找到能够制定风险衡量指标的历史数据。

第四,初创期企业的存活难度较大。初创期企业盈利较低,资金来源主要是私募股权,由企业的创始者提供,因此资本来源较为单一,缺乏应对风险和外界冲击的能力。而企业运营失败的概率很难在折现率和未来现金流当中进行量化。

(二)成长期

初创期企业在通过市场竞争和风险的考验之后,进入成长期。成长期企业是经济中的重要部分,这些企业具有较新的商业创意和策略,同时又具备一定的承受风险和参与竞争的能力。成长期的企业具备如下特征:

第一,相较于初创期企业,成长期企业的规模有所扩大,盈利能力得到增强。成长型企业的商业战略、目标产品和市场更加明晰,因此当期财务报表能够提供部分用于判断未来盈利的数据。成长期现有资产占企业价值的比例有所提升,但企业的大部分价值仍来自增长型资产,因此估值过程中需重视对预期增长率和未来收益的估计。

第二,成长期企业拥有一定的经营历史和财务数据,但数据动态性较强,且容易出现不一致性。一方面,成长期企业仍面临诸多挑战,随时处于应变和调整的状态中。企业财务报表中的数据变化多样。即使在较短的时间跨度内，经营数据也有可能发生变化。另一方面，会计重视现有资产，资产负债表则同时关注增长型资产。成长期企业价值中增长型资产占据着重要地位，因此企业被估计出的价值可能与公司的营业利润和收入等财务数据不一致。

第三，成长期企业资本来源趋于多元化。初创期企业的股权主要由私人持有，而成长期企业则可以通过公开上市达到筹集资金的目的。但这种多元化并不是必然的，企业可能因为经济体制、资本市场涨跌和行业特性选择继续保有私人企业的属性。

第四，成长期企业的可比对象增多。相较于初创期企业，成长期企业运营趋于稳定，且经营历史更长，同类可比对象增多，参考价值也有所提升。

（三）成熟期

在大多数经济体当中，成熟期企业扮演着中流砥柱的角色。经历艰难的市场竞争阶段之后，成长型企业形成了更稳定的投融资和经营模式，基本面在长期中趋于平稳，由此进入成熟期阶段。由于成熟期企业的经营趋于稳定，其在估值方面遇到的困难相对较少。成熟期企业主要具有如下特征：

第一，成熟期企业的收入较初创期和成长期企业更高，且趋于稳定。单个企业无法突破规模不经济的制约，所以成熟期企业的收入增长率最终会趋近甚至等于总体经济的名义增长率。除周期型企业和大宗商品企业外，大部分成熟期企业的利润率会趋于稳定。

第二，成熟期企业拥有较长的经营历史，其财务和经营数据相对稳定。成熟期企业的价值主要来自现有投资。这些企业风险应对能力显著提升，在市场中能保持竞争优势，其投融资和运营逐渐形成稳定规律和模式。企业的经营历史和过往财务数据能够为估值人员提供有用信息，进而预测公司收益和现金流时，会降低估值难度。

第三，成熟期企业的可比对象较多，且比较对象分布在不同的成长阶段。成熟期的企业经营较为稳定，各个阶段都有可用于参考估值的可比对象。

第四，成熟期企业可能会通过收购、财务重组等手段激发新的增长潜力，此类操作可能会增加估值难度。相比于根据企业自身的内部投资或未来增长进行估值，预测收购的可能后果和未来规模则面临更多不确定性，因此更加困难。财务重组可能使得成熟期企业的债务和股权组合发生巨大变化，影响企业的再投资规模和再投资收益率，进而影响企业价值。

（四）衰退期

企业终会踏入生命周期的最后一个阶段——衰退期。衰退期企业通常集中在某些部分。尽管企业进入了衰退阶段，但是它们仍然在经济体中起重要作用，可以为社会提供大量就业岗位，并支持上下游企业的发展。衰退期企业呈现出如下特征：

第一，衰退期企业的收入趋于停滞，甚至可能下降。相比于成熟期企业价值大部分来自现有资产、小部分来自增长型资产，衰退期企业呈现出相反的情况：企业的价值完全来自现有资产，增长型资产无法给企业创造价值。在现实中，衰退型企业的增长投资反而会拉低企业价值。

第二，衰退期企业的利润率下降，甚至已经亏损。此时企业的定价能力被显著削弱，企业可能会为了阻止收入进一步下降而采取主动降价的措施，导致企业的经营收入持续恶化，甚至出现负增长。通过出售资产或其他手段获得的暂时性盈利和一次性利润难以弥补其亏损。

第三，衰退期企业可能承担高额债务，进行资产剥离的可能性更大，需充分考虑资产剥离的影响。当衰退期企业面对大量需要偿还的债务时，企业为避免违约和偿还债务，会提升剥离资产的需求。在估值时，需要对随时间推移而被剥离的资产以及尚存资产的盈利能力做出判断。对于资产剥离可以取得的现金数量,以及如何利用这笔现金的判断同样会影响到公司的价值。

二、行业经济结构分析

(一)产业分类分析

根据不同产业对经济周期的敏感性,可以将产业划分为成长型产业、周期型产业和防御型产业三大类别。不同敏感性的产业在企业估值中有不同的特点和难点。

1. 成长型产业

成长型产业是指利润状态与经济活动总水平的周期及其振幅相关程度不大的企业集合。成长型产业的销售收入和利润的增加速度不受宏观经济周期尤其是经济衰退的消极影响。这些产业的企业依靠技术创新、新产品研发、提供更优质的服务或提高经营管理效率,来实现逆周期的可持续增长。成长型的企业通常拥有如下特征:所处的行业属于新兴行业,具备快速成长的充分条件;具备相对合理的资本结构和完善的公司治理结构;具备卓越的企业战略和战略实施能力;拥有完整的创新体制和强大的创新开发能力;等等。

此类企业的成长性同时也会带来估值上的难点:成长型产业中,企业的财务数据多变,公司价值主要来自增长型资产。因此公司权益的市场价值可能和账面价值相背离。此外,成长型公司的市场历史相对较短,估值可采用的参考历史较少,对企业的未来增长与波动性的估计可能会成为难题。

2. 周期型产业

在周期型产业当中,企业的利润与经济环境的强弱具有较强的关联性。常见的周期型企业有房地产、汽车、工业和科技公司。此类企业的需求波动比平均值要大,当经济处于上升期时,需求升高;当经济处于下降期时，需求降低。与之相对的是非周期型企业在业绩上与经济周期并不同步，不管是经济扩张还是收缩，其需求总是处在相对稳定的水平上，如日用品、医疗、食品公司。

在估值方面，周期型企业呈现出如下特征：企业会受到经济和大宗商品价格周期性的影响。经济和大众商品的周期难以预测，时间跨度较长，且存在结构性突变的可能。周期型企业的收益、现金流股权价值和负债比率的波动性较大。这些特征使得估值的不确定性增加，基准年度的重要性提升。如果使用异常年份作为基准年度，则会导致企业估值偏离实际水平。

3. 防御型产业

防御型产业的运动状态受经济周期的影响极小。无论宏观经济处于经济周期的哪一个阶段，产业的销售收入和利润增长都呈现出相对缓慢的趋势，不会发生大幅度的变化。社会需求对防御型产业产品的收入弹性较小，如食品饮料、公共事业等，因此这些企业的收入相对成长型产业和周期型产业更为稳定。从估值角度看，由于防御型产业对经济周期的敏感性较低，收入和利润相对稳定，因此企业估值受经济波动的影响相对其他产业较小。

（二）产业投入要素分析

1. 劳动密集型产业

劳动密集型产业是指企业进行生产主要依靠使用大量的劳动力，而对技术和设备依赖程度较低的产业。在企业投入的劳动力和资本这两种要素中，单位劳动占用的资本数量较少。在生产成本当中，工资和设备折旧与研究开发支出相比，所占比重较大。常见的劳动密集型产业有农业、林业、服装业等制造行业。随着技术进步和新工艺设备的应用，发达国家劳动密集型产业的技术、资本密集度也在提高，并逐步从劳动密集型产业中分化出去。

2. 资金密集型产业

资金密集型产业是指需要投入较多资本的行业部门，其对技术和设备依赖程度较高，容纳的劳动力较少。该产业具备技术设备多、投资量大、资金周转较慢、投资见效慢的特点。常见的资本密集型产业有电子与通信设备制造业、运输设备制造业、石油化工业等基础工业和重加工业，是发展国民经济、实现工业化的重要基础。

资金密集型产业的价值来源中，现有资产占据相当一部分比重，企业投资量较大，且资金周转缓慢。由于产业特性，资金密集型产业和周期型产业存在共同的特性，对于经济周期波动相对较为敏感。在估值过程中，需要注意较长时间跨度中企业收益与波动性的变化，并结合经济周期形势进行评估。

3. 技术密集型产业

技术密集型产业是指在生产过程中，对技术要素的依赖程度大大超过其他生产要素的产业。技术密集型产业介于劳动密集型产业和资金密集型产业之间，其单位劳动力占用资金比前者多，但低于后者。技术密集型产业的生产结构呈现出技术知识所占比重大、科研费用高、产品附加价值高的特点。常见的技术密集型产业包括航空航天工业、原子能工业和新材料工业等产业。

在技术密集型产业当中，企业的资产重点通常在于专利权、专有技术等无形资产，这与传统的制造业企业大不相同。因此，传统的会计准则可能会在技术密集型产业和传统制造业之间出现不一致性，拥有大量无形资产的技术公司通常会披露较低的资本支出，进而导致股权和资本的账面价值被低估。这种低估带来的连锁反应是企业的财务数据包括各项盈利指标和已投入资本都会与实际情况产生偏差。因此，在对技术密集型产业进行估值时，必须采用适当的会计方法对无形资产进行评估，以保障后续估值结果的准确性。

三、行业影响因素分析

除了上述的行业生命周期和行业经济结构因素，还有其他力量会驱动行业竞争，进而对整个行业造成影响。迈克尔·波特提出的"五力模型"确定了五个决定行业竞争强度的因素，分别是新进入者的威胁、现有竞争者之间的争夺、供应商的议价能力、客户的议价能力和替代品的威胁。这五个因素影响了行业中企业竞争的激烈程度，与企业的盈利能力息息相关。在对企业进行估值时，需要从这五个方面入手，分析行业竞争情况的总体环境，结合企业的具体情况进行分析。

（一）新进入者的威胁

一般而言，容易进入的行业中会出现更多的竞争。新进入者在为行业带来生产能力和新资源的同时，也会在现有市场当中占据一定份额。这将导致新进入者与行业现有企业发生原材料与市场份额的竞争，降低现有企业的收益，甚至可能影响企业的生存。进入障碍主要包括规模经济、产品差异、资本需要、转换成本、销售渠道开拓、政府行为与政策、不受规模支配的成本劣势、自然资源、地理环境等，这其中有些障碍难以借助复制或仿造的方式来突破。现有企业对新进入者采取报复行动的可能性大小，取决于有关厂商的财力情况、报复记录、固定资产规模、行业增长速度等。总之，新企业进入一个行业的可能性大小，取决于进入者主观估计进入所能带来的潜在利益、所需花费的代价与所要承担的风险这三者的相对大小。进入壁垒低的行业会降低企业涌入该行业的成本，进而提升行业竞争的激烈程度。新进入者越多，意味着对市场份额的争夺越残酷，企业获得高价值的难度越大。

（二）现有竞争者之间的争夺

企业的目标在于实现利益最大化，通过获得相对于竞争对手的优势提升利润是企业经营的战略之一。同行业的企业常常在价格、广告、售后服务等方面展开冲突与对抗，以取得更大的竞争优势。具有以下特征的行业通常会出现更激烈的竞争：众多小竞争者占据部分份额以分割市场、企业固定成本较高、提供的产品或服务差异性小或行业退出壁垒较高。其中，退出壁垒包括资产的专用性、退出的固定费用、商业战略上的牵制意义等。竞争者之间的冲突越激烈，企业需要应对的挑战和风险越多。

（三）供应商的议价能力

供应商能通过提高投入要素价格或降低单位价值质量，来影响行业中现有企业的盈利能力和竞争能力。一般而言，具备以下特征的供应商拥有着较高的议价能力：

第一，供应商拥有诸多客户，购买量较为分散，单个购买商难以成为供应商的重要客户。供应商具有较为稳固的市场地位，并不为市场的激烈竞争所困扰。

第二，供应商提供的产品具有一定的特色，购买商对产品进行转换的成本较高，或难以寻找到能够替代的竞争品。

当供应商拥有较强的议价能力时，企业的议价话语权就相对被削弱，有可能要面对更高的生产成本，企业的盈利空间容易受到压缩。

（四）客户的议价能力

客户可能通过压低价格或要求提供更高质量的产品，对供应商施加影响，进而干预行业竞争强度，影响企业的盈利能力。当购买者的总数较少但单个购买者购买量较大、供应商行业由大量规模较小的企业组成或产品具有标准化特性，容易被替代时，客户的议价能力会得到提升。企业在交易中的议价能力会受到影响，而售价的降低则意味着盈利的降低。

（五）替代品的威胁

此处的替代品不但指代相似的产品，而且包括能够满足同类需求的不同产品。如果市场中存在替代品供客户选择，原产品的需求就会遭到打击。即使是处于两个不同行业的企业，也有可能由于各自所生产的产品互为替代品，从而产生竞争。替代品价格越低、质量越优异、用户转换成本越低，其带来的竞争压力就越强。这种来自替代品的竞争压力可以利用替代品销售增长率、替代品厂家生产能力和盈利扩张情况进行描述。

第三节 人力资源因素

人力资源是企业的重要组成部分，人力资源条件直接关系着企业的经营情况与价值。从管理者层面来看，作为影响企业决策的重要主体，管理者目标与代理成本直接与公司价值的变换相关联；从企业组织结构来看，企业的组织结构与公司适配与否，也影响着公司的价值水平。

一、管理者分析

（一）管理者目标

管理者作为公司的实际管理主体而非所有者，其目标可能与股东存在差异。相对于纯粹地追求公司价值最大化，管理者可能更看重公司的权力和财富等与自身相关的利益。当管理者的目标和行为与股东的最佳利益相悖时，就可能产生代理成本，进而损害企业价值。因此，对管理者及代理成本的分析也需要纳入对企业估值的考虑当中。

（二）代理成本

代理成本即股东和管理者利益冲突所带来的成本，可分为直接代理成本和间接代理成本两个类别。

直接代理成本又分为两大类：第一类是管理者获得收益但股东蒙受损失的公司支出，如购买公司不需要的奢侈交通工具所付出的成本。第二类是公司所有者为了监督管理层的行为所需的支出，如支付给外部审计人员评估财务报表的费用。

间接代理成本则是指管理层为了自身利益而放弃的机会，如管理层出于对自身风险的考虑而放弃可能使公司获益的投资机会。

尽管企业所有者可以通过控制管理者的薪酬和解聘手段对管理者进行管制，但代理成本的存在仍会对企业价值造成一定影响。

（三）管理者行为

在现代经济环境下，管理者是企业各项决策和行动的中枢，其行为会直接影响企业表现和公司价值。在良好的制度环境下，管理者可以通过自身能力和正确的经营行为提升企业价值。能力强的管理者对于企业经营环境的变化更为敏锐，因此能够抓住企业的投资机会，在竞争激烈的市场当中尤为如此。与之相对的是，管理者如果过度自信，容易在决策时高估自身能力和收益，进而低估成本与风险，从而导致决策出现异化。因此，企业价值与管理者的行为有着密切联系。

二、企业组织结构

企业组织结构可从狭义和广义两个角度进行定义，并通过不同路径对企业价值产生影响。

（一）狭义的企业组织结构

狭义的企业组织结构是指为了实现组织的目标，在组织理论指导下，经过组织设计形成的组织内部各部门、各层次之间固定的排列方式，即组织内部的构成方式。常见的企业内部组织结构包括 U 型组织结构、M 型组织结构、H 型组织结构和矩阵制结构等。

1. U 型组织结构

在 U 型组织结构下，企业内部按职能（如生产、销售、开发等）划分成若干部门，各部门独立性很小，均由企业高层领导直接进行管理，即企业实行集中控制和统一指挥。U 型结构保持了直线制的集中统一指挥的优点，并吸收了职能制发挥专业管理职能作用的长处。适用于市场稳定、产品品种少、需求价格弹性较大的环境。

2. M 型组织结构

这种结构的基本特征是，战略决策和经营决策相分离，即根据业务按产品、服务、客户、地区等设立半自主性的经营事业部，公司的战略决策和经营决策由不同的部门和人员负责，使高层领导从繁重的日常经营业务中解脱出来，集中精力致力于企业的长期经营决策，并监督、协调各事业部的活动和评价各部门的绩效。与 U 型结构相比，M 型结构具有治理方面的优势，且适合现代企业经营发展的要求。M 型组织结构是一种多单位的企业体制，但各单位不是独立的法人实体，仍然是企业的内部经营机构，如分公司。

3. H 型组织结构

H 型组织结构是一种多个法人实体集合的"母子"体制，"母子"之间主要靠产权纽带来连接。H 型组织结构较多地出现在由横向合并而形成的企业之中，这种结构使合并后的各子公司保持了较大的独立性。子公司可分布在完全不同的行业，而母公司则通过各种委员会和职能部门来协调和控制子公司的目标和行为。这种结构的公司往往独立性过强，缺乏必要的战略联系和协调，因此，公司整体资源战略运用存在一定难度。

4. 矩阵制结构

矩阵制结构是指把按职能划分的部门与按项目划分的小组结合起来形成矩阵，使小组成员接受小组和职能部门的双重领导。其围绕某项专门任务成立跨职能部门的专门机构，这种组织结构形式是固定的，人员却是变动的，任务完成后就可以离开。与 U 型结构相比，矩阵制结构机动、灵活，克服了 U 型结构中各部门互相脱节的现象。

不同行业、不同环境中的企业适用的企业组织结构各不相同。科学的组织结构能够帮助企业提升经营效率、降低运营成本。通过选择合理的组织内部运行机制，企业能够保证各部门的能力、资源、战略和程序互相协调，形成独特的组织竞争优势，并推动企业整体收益和价值的提升。

（二）广义的企业组织结构

广义的企业组织结构是指除了包含狭义的组织结构内容外，还包括组织之间的相互关系类型，如专业化协作、经济联合体、企业集团等。

现代经济环境为企业的协作提供了外部环境。随着科学技术的发展，企业间合作越来越多地使用最新科技成果和手段。通信技术的进步和信息化使得企业的合作环境发生了变化：信息产业发展给企业合作带来巨大影响，国际经济与市场一体化使得全球化的企业合作成为可能。

企业间组成更大的组织结构的动机主要来源于合作思维与竞争思维的结合。通过建立企业之间的组织结构，各企业能进行资源互补，达到加强核心能力、优化学习曲线等目的。在无序竞争的条件下，企业难以保证资源得到合理利用。而各企业通过协议或其他联合方式形成企业集团、专业化协作体等组织，可以共同开拓市场，加快产品开发和投入市场的进程，使得费用共摊、风险共担，促进资源的合理利用。各企业在这一整体中共同开发产品和市场，以获得整体优势，谋取更高的利润。在企业估值过程中，需要考虑企业间的组织结构对企业价值带来的影响。

第四节　营销因素

营销是企业经营环节中的重要一步。使用正确的广告手段和培养优质的品牌，有助于企业价值的提升；错误的广告营销和负面品牌效应则会对企业价值造成不利影响。

一、广告

广告是企业营销的重要手段之一。商业广告以盈利为目的，主要是指企业为推销商品或提供服务，以付费方式通过媒体向消费者或用户传播商品或服务信息的手段。

科学使用广告手段进行营销，有利于提升企业价值。首先，企业能够利用广告提升品牌知名度，增加产品销量，占据更大的市场份额以获得利润。现代商业广告倾向于使用名人代言，因为聘请名人进行广告宣传能够促进产品销售收入增长、降低市场交易成本，以及提升企业的商业信用。其次，企业能够利用广告提升产品竞争力。广告能够提高媒体关注度、改善媒体态度，进而提升产品在消费者当中的宣传力度，有利于提升产品价值。在企业产品竞争力较弱时，通过媒体关注路径的广告活动具有更高的价值效应，更加有助于企业提升竞争力。最后，企业能够利用广告增强原有品牌的市场势力，培养企业品牌价值，进一步提升消费者对品牌的忠诚度，提升市场进入壁垒。但是，采用有负面影响的广告或者代言人发生负面新闻时，企业价值会随之受到影响，表现出下跌的趋势。因此在企业估值过程中，需要结合企业的广告营销效果进行估计。

二、品牌

品牌的本质是品牌拥有者的产品、服务或其他优于竞争对手的优势能为目标受众带去同等或高于竞争对手的价值。品牌的价值包括功能性利益和情感性利益，前者满足客户对于产品的实用性需求，后者为客户带来情感和心理价值。品牌是企业具有经济价值的无形资产，用抽象化的、特有的概念来表现其差异性，从而在人们意识当中占据一定位置的综合反映。品牌承载更多的是一部分人对其产品以及服务的认可，是一种品牌商与顾客购买行为间相互磨合衍生出的产物。品牌的塑造有利于培养企业的竞争力，品牌价值能够正向影响企业的财务绩效。

首先，企业可以通过品牌培养用户忠诚度，以增加行业的进入壁垒。公司的品牌相当于一种能带来心理价值的特殊符号，消费者愿意为这个符号支付更高的成本进行购买，而放弃其他类似的产品。

其次，品牌的塑造能够提升企业的议价能力，通过提升产品价格获取更多的利润。公司可以利用品牌价值的增值途径，通过培育强式品牌来增强客户的忠诚度，扩大市场占有率，提升公司盈利能力，从而提升公司的当期价值和长远价值。同时，强式品牌在一定程度上也会向市场传递该公司风险低、财务绩效良好的积极信号，从而增强投资者的信心并为公司获得更多的潜在投资者，大大提升公司市场价值。

品牌作为一项无形资产，具有财务价值和极高的附加价值。在估值过程中，除了关注直观的财务报表和股东利益等短期数据，还需要重视品牌附加价值为企业带来的长期增长。

第五节 经济周期分析

企业处于宏观经济的大环境中,必然受到整体经济周期的影响。有不同敏感性的企业受经济周期的影响存在差异,因此在企业估值中必须将客观的经济形势与公司对周期的敏感性特点进行综合分析。

一、经济周期的分类

经济周期是指经济活动沿着经济发展的总体趋势所经历的有规律的扩张和收缩,是国民总产出、总收入和总就业的波动,体现在国民收入或总体经济活动扩张与紧缩的交替或周期性波动变化当中。按照传统理论,经济周期通常分为繁荣、衰退、萧条和复苏四个阶段。

(一)繁荣期

在繁荣期,经济从扩张开始走向高峰,国民收入和就业率较高。此时企业生产规模迅速扩张,投资需求提升,对生产资料和设备的投入持续增加,企业盈利和价值进一步提升。价格水平上升,就业增加,公众对未来较为乐观,消费需求也不断扩张,经济接近充分就业。在经济繁荣期,整体经济环境有利于各行业的发展。但繁荣的背后,可能面临着投机活动涌现、信用过度扩张、资本信贷增加的问题,随之而来的是需求超过了产出的增长,价格增加,利率上升,通货膨胀、库存积压加剧,企业面临产能约束。

（二）衰退期

衰退期是经济从繁荣到萧条的过渡时期，这时的经济开始从顶峰下降，但仍未到达谷底。在经济衰退期，宏观经济呈现出停滞或负增长的状态。宏观经济学上通常定义为"在一年中，一个国家的国内生产总值增长连续两个或两个以上季度出现下跌"。美国国家经济研究局就将经济衰退定义成更为模糊的"大多数经济领域内的经济活动连续几个月出现下滑"。经济衰退期的普遍特征为消费者需求、投资急剧下降。衰退总是伴随资产价格的下跌，资产价格的下跌又抑制了消费，需求萎缩，企业供给超过需求，因此会缩小产能。此时通货膨胀率开始走低，企业对劳动的需求、产出下降，企业利润急剧下滑，并伴随股票价格和利率的下跌。

（三）萧条期

经济萧条是指规模较大且持续时间长的衰退，其明显特征是需求严重不足，生产相对过剩，销售量下降，价格低落，企业盈利水平极低，信用紧缩，出现企业大量破产倒闭现象，失业率增加。此时公众对未来的预期较为悲观。

（四）复苏期

在经济衰退和萧条期间，政府会对经济采取一定调控手段，如宽松的财政政策和货币政策，低利率和信贷扩张等会促使需求增加，企业增加投资和生产，经济开始从谷底回升，价格也开始逐步回升，经济增长开始加速。在复苏阶段，需求开始释放，生产逐渐活跃，价格水平趋稳并进入上升区间。同时，国民生产总值的增长率可能逐渐提高，由负转正。由于此时企业闲置的生产能力还没有完全释放，企业生产进行周期性的扩张。

二、经济周期对不同企业估值的影响

（一）对成长型企业的影响

成长型企业的利润对总体经济环境的依赖程度较低。通常情况下，成长型行业拥有特殊的需求势头,由于需求十分强劲,其势头足以盖过宏观经济或其他外部因素的影响。无论整体经济情况如何,这些企业都可能有所增长,但增长速度可能由于经济下行而有所减缓。

(二)对周期型企业的影响

周期型企业的利润情况与总体经济环境的强弱有着极高的关联程度。周期型企业的需求波动大于平均值,在经济扩张期间需求高,在经济收缩期间需求低。与此同时,由于周期型企业的固定成本和经营杠杆较高,企业的利润波动也会被放大,因此,通常会高于平均值。在对周期型企业进行估值处理时,需要紧密结合当下的经济周期和经济环境状况,结合企业的财务表现、未来增长进行综合分析。

(三)对防御型企业的影响

防御型企业的业绩大体上独立于经济周期。防御型企业的需求在整个经济周期中保持着相对稳定的水平,因此企业的利润受经济周期波动的影响相对较小。此类企业通常倾向于生产消费必需品、提供基础服务,其费率和收入可能受到政府管制或合同约束。

复习思考题

1. 对企业价值产生影响的行业因素包括哪些?它们分别是如何影响企业价值的?

2. 企业的主要组织结构有哪些?企业组织结构如何影响价值增长?

3. 经济周期分为哪四个阶段?经济周期对所有企业价值的影响是否相同?为什么?

4. 行业竞争是否影响企业的价值?如何分析一个行业的竞争程度?

第五章

资产评估方法概述

资产评估方法是指评定估算资产价值的途径和手段，是在多种学科和技术基础上，按照资产评估自身的运作规律和行业特点形成的一整套方法体系，主要包括成本法、市场法和收益法。在利用多种方法评估资产价值的前提下，要对评估结果进行合理分析认定，明确各种方法的优缺点，综合判断资产的整体价值。

第一节 成本法——重置成本法

成本法是资产评估的基本方法,也叫重置成本法,是以评估对象的重置成本为基础的评估方法。在采用成本法对企业价值进行评估时,可以根据不同资产的实际状态、使用方法等选用合适的评估方法进行评估。

一、成本法的概念

成本法是指按照重建或者重置评估对象的思路,将重建或者重置成本作为确定评估对象价值的基础,扣除相关贬值,以此确定评估对象价值的评估方法的总称。从被评估资产重建或重置的角度考虑是成本法的基本思路,因为在条件允许的情形下,任何潜在的投资者在决定投资某项资产时,所愿意支付的价格都不会超过该项资产的现行购建成本。如果该投资对象并非全新,投资者所愿支付的价格会在投资对象全新的现行购建成本的基础上扣除各种贬值。需要注意的是,资产的损耗与会计的折旧不是同一个概念,资产的损耗是根据重置成本对资产的实际价值损耗的计量,反映资产价值的现实损失额。而会计的折旧是指依照会计核算要求和会计准则来反映的原始成本分摊,是根据历史成本对资产的原始价值损耗的计量,不一定能够准确反映资产价值的现实状况。

二、成本法的应用条件

（一）采用成本法评估资产的前提条件

（1）评估对象能正常使用或正在用。即评估对象处于持续使用状态或被假定处于继续使用状态。持续使用假设又被分为现状续用、转用续用和移地续用假设。

（2）评估对象能够通过重置途径获得。评估对象能够通过重置途径获得，否则，从重置或重建的角度计算其成本就不具有理论上和现实上的意义。

（3）评估对象的重置成本以及相关贬值能够合理估算。

（二）运用成本法评估时应注意的事项

（1）形成资产价值的耗费是必需的。耗费是形成资产价值的基础，包括有效耗费和无效耗费，应体现社会或行业平均水平，而不应是某项资产的个别成本耗费。

（2）最佳使用和快速变现情形。最佳使用是指在法律允许、经济可行、技术可实现的条件下，价值最大化的用途；而快速变现通常被用于法院或者债权人等强制要求的情形。

（三）成本法的适用范围

（1）资产的成本反映了资产在购建过程中的必要花费和取得该项资产所需要付出的代价，成本法适用于资产具有可替代性、资产重置没有法律和技术障碍、重置资产所需的物化劳动易于计量的评估对象。

（2）评估单项资产。既要考虑重置成本，也要将由使用和其他因素所造成的实体性贬值、功能性贬值以及经济性贬值考虑在内。

（3）评估企业价值。将各项可以确认的资产、负债的现实价值逐项评估出来，最终确定企业价值。可以根据不同资产的实际状态、使用方式等特殊性选用合适的评估方法进行评估。

三、成本法的基本步骤和主要参数

（一）成本法的基本步骤

成本法的基本步骤如下：

第一，确定评估基准日的财务报表，财务报表通常应是经过审计的。

第二，采用具体的评估方法对各项资产和负债进行评估，确定各项资产和负债的市场价值。

第三，评估并加上资产负债表外的特定有形资产、无形资产和负债。

第四，考虑资产负债表调整对税收的影响，以及资产负债表上是否要扣除递延税款。

第五，对评估结果进行汇总，最后确定所有者权益的评估值。

（二）成本法的主要参数

成本法的思路可用公式表示为：评估价值＝重置成本－实体性贬值－功能性贬值－经济性贬值。因此，成本法涉及的主要参数包括资产的重置成本、资产的实体性贬值、资产的功能性贬值、资产的经济性贬值。

1. 重置成本

资产的重置成本就是资产的现行再取得成本，包括建造或者购置评估对象的直接成本、间接成本、资金成本、税费及合理的利润。重置成本应当是社会一般生产力水平的客观必要成本，而不是个别成本。重置成本又分为复原重置成本和更新重置成本两种。其中，复原重置成本是指采用与评估对象相同的材料、建筑或制造标准、设计、规格及技术等，以现时价格水平重新购建与评估对象相同的全新资产所发生的费用。用于评估对象的效用只能通过按原条件重新复制评估对象的方式提供。更新重置成本是指采用与评估对象并不完全相同的材料、现代建筑或制造标准、设计、规格和技术等,以现行价格水平购建与评估对象具有同等功能的全新资产所需的费用。

2. 实体性贬值

资产的实体性贬值,也称有形损耗,是指使用及自然力的作用导致的资产的物理性能的损耗或下降而引起的资产价值损失。资产的实体性贬值通常采用相对数计量,即资产实体性贬值率。资产实体性贬值率等于资产实体性贬值除以资产重置成本,即资产实体贬值占资产重置成本的百分数。用公式计算如下:

$$资产实体性贬值率 = \frac{资产实体性贬值}{资产重置成本} \times 100\%$$

3. 功能性贬值

资产的功能性贬值是指技术进步引起的资产功能相对落后而造成的资产价值损失。功能性贬值包括两个方面的内容,一是新工艺、新材料和新技术的采用使得原有资产的建造成本超过现行建造成本的超支额;二是原有资产超过体现技术进步的同类资产的运营成本的超支额。从运营成本角度来看,在产出量相等的情形下,评估对象的运营成本要高于同类技术先进的资产。从产出能力角度来看,在运营成本相似的情形下,评估对象的产出能力要低于同类技术先进的资产。资产的功能性贬值判断主要有两个依据:首先,主要根据资产的效用、生产加工能力、工耗、物耗、能耗水平等功能方面的差异造成的成本增加或效益下降,相应确定功能性贬值;其次,重视技术进步因素,注意替代设备、替代技术、替代产品的影响以及行业技术装备水平现状和资产更新换代速度。

4. 经济性贬值

资产的经济性贬值是指外部条件的变化引起的资产闲置、收益下降等造成的资产价值损失。资产的经济性贬值表现形式包括资产利用率下降甚至闲置以及资产的运营收益减少。

四、成本法各个参数的估算方法

（一）重置成本的估算

资产的重置成本可以通过若干种方法进行估算，这里对在评估实务中应用较为广泛的方法介绍如下。

1. 重置核算法

重置核算法也称细节分析法、核算法等，是利用成本核算的原理，根据重新取得资产所需的费用项目，逐项计算然后累加得到资产的重置成本。重置核算法可以按照其实际测算过程分类，也可以按照是否需要安装分类。按照其实际测算过程分类，可以分为购买型和自建型：购买型是以购买资产作为资产重置方式，购买的结果一般是资产的购置价；自建型是把自建资产作为资产重置方式，根据重新建造资产所需的料、工、费及必要的资金成本和开发者的合理收益等分析和计算出资产的重置成本。按照是否需要安装分类，可以分为运输安装和不需要安装：运输安装包括现行购买价格、运杂费、安装调试费以及其他必要费用；不需要安装包括购置价即资产重置成本。运用重置核算法估算重置成本时，需要注意考虑合理收益，资产的重置成本应包括开发者的合理收益，收益应以开发者或制造者所在行业平均资产收益水平为依据。

2. 价格指数法

价格指数法也称物价指数法，是利用与资产有关的价格变动指数，将评估对象的历史成本（账面价值）调整为重置成本的一种方法。如果既无法获得处于全新状态的评估对象的现行市价，也无法获得与评估对象相类似的参照物的现行市价，可以利用与资产有关的价格变动指数计算评估对象的重置价值。其计算公式为：

$$重置成本 = 资产的历史成本 \times 价格指数$$
$$= 资产的历史成本 \times (1 + 价格变动指数)$$

其中，价格指数可以是定基价格指数或环比价格指数，同时，该方法所依据的历史成本应当是原始购置所发生的支出，经评估调整后价格以及二手交易价格均不能作为该方法使用的依据。

3. 功能价值类比法

功能价值类比法，是指利用某些资产的功能（生产能力）的变化与其价格或重置成本的变化呈某种指数关系或线性关系，通过参照物的价格或重置成本以及功能价值关系估测评估对象价格或重置成本的技术方法（也称为类比估价）。功能价值类比法可以分为生产能力比例法和规模经济效益指数法：生产能力比例法是指当资产的功能变化与其价格或重置成本的变化呈线性关系时的功能价值类比法，寻找一个与评估对象相同或相似的资产为参照物，根据参照资产的重置成本及参照物与被评估资产生产能力的比例，估算被评估资产的重置成本；规模经济效益指数法是指非线性关系条件下的功能价值类比法。

4. 统计分析法

在用成本法对企业整体资产及某一相同类型资产进行评估时，为了简化评估业务、节省评估时间，还可以采用统计分析法确定某类资产的重置成本。

（二）资产实体性贬值的估算

1. 观察法

观察法是指由具有专业知识和丰富经验的工程技术人员，对被评估资产的实体各主要部位进行现场勘查，并综合分析资产的设计、制造、使用、磨损、维护、修理、大修理、改造情形和物理寿命等因素，将评估对象与其全新状态相比，考察使用磨损和自然损耗对资产的功能、使用效率带来的影响，判断被评估资产的成新率，从而估算资产的实体性贬值。计算公式为：

$$资产实体性贬值 = 重置成本 \times 资产实体性贬值率 = 重置成本 \times (1 - 资产实体性成新率)$$

2. 使用年限法（或称年限法）

使用年限法是指利用评估对象的实际已使用年限与其总使用年限的比值来判断其实体贬值率（程度），进而估测资产的实体性贬值。

计算公式为：

$$资产实体性贬值 = 重置成本 \times 资产实体性贬值率$$

其中：

$$资产实体性贬值率 = \frac{实际已使用年限}{总使用年限} \times 100\%$$

总使用年限 = 实际已使用年限 + 尚可使用年限

实际已使用年限 = 名义已使用年限 × 资产利用率

3. 修复费用法

修复费用法是指利用恢复资产功能所需支出的费用金额来直接估算资产实体性贬值的一种方法。修复费用包括资产主要零部件的更换或者修复、改造、停工损失等费用支出。如果资产可以通过修复恢复到其全新状态，可以认为资产的实体性损耗等于其修复费用。

（三）资产功能性贬值的估算

资产功能性贬值是技术相对落后造成的，估算功能性贬值时，主要根据资产的效用，生产加工能力，工耗、物耗、能耗水平等功能方面的差异造成的成本增加或效益降低，相应确定功能性贬值额。同时，还要重视技术进步因素，注意替代设备、替代技术、替代产品的影响以及行业技术装备水平现状和资产更新换代速度。资产功能性贬值的估算计算步骤如下：第一，将评估对象的年运营成本与功能相同但性能更好的新资产的年运营成本进行比较，确定超额运营成本。第二，计算评估对象运营成本和比较案例运营成本的差异，确定净超额运营成本。其中，超

额运营成本 = 评估对象运营成本 - 比较案例运营成本，净超额运营成本 = 超额运营成本 × （1 - 所得税税率）。第三，估计评估对象的剩余寿命。第四，以适当的折现率将评估对象在剩余寿命内每年的净超额运营成本折现，这些折现值之和就是被评估资产的功能性损耗（贬值）。其计算公式为：

$$被评估资产功能性贬值额 = \sum （被评估资产年净超额运营成本 \times 折现系数）$$

（四）资产经济性贬值的估算

资产经济性贬值主要表现为运营中的资产利用率下降甚至闲置，并由此引起资产的运营收益减少。

五、对成本法的评价

（一）成本法的优势

成本法是资产评估中最为基础的评估方法。首先，成本法充分考虑了资产的损耗，使得评估结果能反映市场对于获得某单项资产愿意付出的平均价格，有利于评估单项资产和具有特定用途的资产。其次，在无形资产未来收益和市场交易活动不频繁的情形下，成本法给出了比较客观可行的测算思路和方法。最后，运用成本法评估企业价值为可能的破产清算、资产分割提供了一定的价值参考。

（二）成本法的局限

运用成本法进行资产价值评估也存在一定的缺陷。首先，成本法所评估的企业价值很难直接为投资者提供价值参考理论基础，因而测算出的企业价值无法从未来收益的角度反映企业真实能为其投资者或所有者带来的收益。其次，轻资产企业成本法评估值与收益法或市场法得出的结果可能差异极大，轻资产的企业使用成本法进行评估通常很难将账面没有记载的各类无形资产算入评估资产的价值之中，因此其成本法评估值与使用收益法或市场法得出的结果可能差异极大。

（三）使用成本法的注意事项

（1）在运用成本法进行企业价值评估时，应当考虑被评估企业所拥有的所有有形资产、无形资产以及应当承担的负债。

成本法是以资产负债表为基础，以各单项资产及负债的现行公允价格替代历史成本。但是由于受会计核算制度的制约，并不是企业所有资产的价值都能经过会计程序得以量化，最终出现在会计报表上，成为总资产的组成部分。而采用成本法评估时，评估人员往往以会计报表上的总资产和负债为依据，忽略报表之外的资产和负债项目，使企业价值的资产、负债构成不全面。企业资产除有形资产外，还包括无形资产，很多无形资产在财务报表上并没有相应的记录和反映，采用成本法很容易少评或漏评，不能体现企业的完整价值。因此，在运用成本法进行企业价值评估时，应当考虑被评估企业所拥有的所有有形资产、无形资产以及应当承担的负债。

（2）以持续经营为前提对企业进行评估时，成本法一般不应当作为唯一使用的评估方法。

运用成本法评估企业资产，是通过分别估测构成企业的所有可确指的资产加和而成的，这种方法无法把握一个持续经营企业的价值的整体性，也很难把握各单项资产对企业的贡献，更难衡量企业各单项资产间的工艺匹配和有机组合因素可能产生的整合效应，即不可确指的无形资产。因此，在一般情况下，不宜单独运用成本法评估一个在持续经营假设前提下的企业价值。

第二节 市场法

市场法也称比较法、市场比较法,是资产评估中若干评估思路的一种,是实现该评估技术思路的若干评估技术方法的集合,以现实市场上的参照物来评价估值对象的现行公平市场价值,主要包括参考企业比较法和并购案例比较法。

一、市场法概述

市场法是指通过将评估对象与可比参照物进行比较,以可比参照物的市场价格为基础确定评估对象价值的评估方法的总称。

市场法以现实市场上的参照物来评价估值对象的现行市场价值,具有估值数据直接取材于市场、估值结果说服力强的特点。在市场上寻找类似的企业作为参照,将被评估企业与类似企业进行对比,并对得到的数据进行适当的调整,以此来评估被评估企业的价值。运用市场法得出的企业的评估值,就是这一企业的整体价值,这与将资产一一相加而得到评估价值的成本法得出的价值是不同的。运用市场法来进行评估,得到的就是市场的真实价格,是可以被交易双方接受与理解的价格。

应用市场法进行资产价值评估时,需要满足以下条件:一是有一个充分发展、活跃的资本市场;二是在上述资本市场中存在着足够数量的与评估对象相同或相似的参考企业,或者在资本市场上存在着足够的交易案例；三是能够收集并获得参考企业或交易案例的市场信息、财务信息及其他相关资料；四是可以确信依据的信息资料具有代表性和合理性，且在评估基准日是有效的。

同时，在市场法应用中，需要满足一定的基本原则，主要包括可比性原则、可获得性原则、及时性原则、透明度原则及有效性原则。可比性原则是运用市场法进行评估的关键，主要包括行业可比、规模可比、成长预期可比、经营风险可比、财务风险可比等方面。可获得性原则是指案例的市场交易信息及可比对象的产品信息、财务信息等可以通过正常途径获取。及时性原则是指评估人员运用市场法进行评估时应当将最新的市场情况纳入评估过程中。透明度原则意味着信息的开放、良好的沟通及对信息的充分解释。有效性原则建立在市场合理有效的假设基础之上。有效市场假设认为，具备信息对称、理性的投资者等条件时，证券价格完全反映了所有可获取的信息，证券能够被合理定价。

在评估企业价值时，常用的市场法有两种，分别是参考企业比较法和并购案例比较法。这两种方法都是通过分析可比企业进行价值评估的，不同的是，公开交易的证券市场是参考企业比较法的主要数据来源，而并购案例比较法的数据来源是个别的并购案例。

二、参考企业比较法

参考企业比较法是通过对资本市场上与被评估企业处于同一或类似行业的上市公司的经营和财务数据进行分析，计算适当的价值比率或经济指标，在与被评估企业比较分析的基础上，得出评估对象价值的方法。使用上述方法进行评估，可以分为以下四个步骤：

（1）选择可比企业。参考企业比较法要确定几个类似的公开交易企业，对这几个上市企业进行分析，进而计算出合适的价值比率。

（2）选择并计算合适的价值比率或者其他经济指标。价值比率，又称价值乘数，是指企业价值和业绩之间的一种比率关系。多数情况下,价值比率是基于市盈率、市销率以及市净率等选取的,选取这三种比率时应注意以下几点:首先,选择比较容易操作的资料;其次,确定分母及分子的含义是一致的;最后,得出相应的比率后对结果进行相应微调。

(3) 对目标企业价值比率进行估算。确定价值比率的方式有两种:一种是找到回归方程,可以利用回归分析法;另一种是可比企业参照法,为了求出相应的价值比率,就要求出类似企业参数的平均数或中位数。

(4) 确定所评估企业的价值。将之前计算的价格比率与预测的价格比率基数相乘,就可以得出被评估企业的价值。

三、并购案例比较法

并购案例比较法是通过分析与被评估企业处于同一或类似行业的公司的买卖、收购及合并案例,获取并分析这些交易案例的数据资料,计算适当的价值比率或经济指标,在与被评估企业比较分析的基础上,得出评估对象价值的方法。

并购案例比较法与参考企业比较法的基本思路是一致的,两者的区别在于,参考企业比较法是通过对参考企业的经营和财务数据进行分析,计算适当的价值比率;而并购案例比较法则是通过分析与被评估企业处于同一行业或类似行业的公司买卖、收购及合并案例计算适当的价值比率。

并购案例比较法要注重并购案例的选取,评估人员在选择合适的并购案例时需要了解所获取途径的相对可靠性,通常需要考虑以下因素:①行业分类;②并购案例的发生期间,一般距离评估基准日不超过三年;③并购案例已完成。在适当的情况下,评估对象以前发生的并购交易也可以考虑选取为并购案例,但需要考虑交易时间、交易具体情况的差异可能产生的影响。

同时，要对并购案例的具体情况进行了解和分析。在选取并购案例后，需要对并购案例的具体情况进行了解和分析，包括交易日期、交易价格、收购的股权比例、影响交易价格的其他重要交易条款（如付款条件等），从而针对具体情况选取合适的价值比率，经过适当的计算调整，得出评估结果。

四、相对估值法

（一）本益比

本益比是指某种股票普通股每股市价（股价）与每股盈利的比率，也称股价收益比率或市价盈利比率（简称市盈率），市盈率一般有静态市盈率和动态市盈率之分。静态市盈率是股价与上期每股收益的比值；动态市盈率是当前股价与预测的当期（未来）每股收益的比值。市盈率反映了在每股盈利不变的情况下，当派息率为100%时及所得股息没有进行再投资的条件下，经过多少年投资可以通过股息全部收回的状态。用公式表示为：

$$PE = P \div E$$

公式中，PE 指市盈率，P 指市场价值，也指股票价格，E 则指净利润或者每股盈利。同时，PE 也可以代指目标企业每股价值，而 P 是指参照企业市盈率，E 则指的是被评企业每股净利润。

（二）市净率

市净率（PB）是每股股价与每股净资产的比率，市净率的计算方法为：

$$PB = P \div BV$$

公式中，PB 指市净率，P 指每股市价，BV 指每股净资产（Book Value），其中，股票净值是公司资本金、资本公积金、资本公益金、法定公积金、任意公积金、未分配盈余等项目的合计，它代表全体股东共同享有的权益，也称净资产。市净率是每股净资产在资本市场的交易价格，一般以倍数表示。估值使用的账面净资产价值是指资产负债表上总资产减去负债的剩余部分，也即账面净值。而市净率既可以直接根据公司或同行业企业的现行市净率确定，也可以根据公司的行业特点、成长性、获利能力、股权交易双方讨价还价等因素确定。一般认为，市净率侧重于对未来创值的期望，市价高于账面价值时企业资产的质量较好，有发展潜力；反之，则质量较差，没有发展前景。

（三）PEG 指标法

PEG 指标（市盈率相对盈利增长比率）是指用公司的市盈率除以公司的盈利增长速度。PEG 指标是彼得·林奇发明的一个股票估值指标，是在市盈率（PE）估值的基础上发展起来的，它弥补了 PE 对企业动态成长性估计的不足，其计算公式为：

$$PEG = PE/企业年盈利增长率$$

用 PEG 指标估值的好处就是将市盈率和公司业绩成长性对比起来看，其中的关键是要对公司的业绩做出准确的预期。

（四）市销率

市销率（Price to Sales ratio，P/S ratio）也称价格营收比，是股票市值与销售收入（营业收入）的比率，其计算公式为：

$$市销率 = 总市值/销售收入$$

相对来说，市销率反映的数据更真实，销售收入是很难主观上改变的，一般比较稳定，并且营业收入不受公司折旧、存货、非经常性收支的影响，不像利润那样容易操纵。尤其是对于新设立的、经营处于亏损状态的企业，或者那些经常在亏损和盈利之间轮回的公司，它们的盈亏不确定性很强，使用市销率进行估值更有意义。但要注意不同行业之间的市销率缺乏可比性，因为不同行业之间的收入确认与价值含量、盈利能力大不相同。

（五）EV/销售收入

EV/销售收入（EV/sales）是一种公司估值指标，其计算公式为：

$$企业价值（EV）\div 主营业务收入$$

该估值指标与市销率（PS）的原理和用法相同，主要用作衡量一家利润率暂时低于行业平均水平甚至处于亏损状态公司的价值，其前提条件是投资者预期这家公司的利润率未来会达到行业平均水平。使用销售收入的用意是销售收入代表市场份额和公司的规模，假如公司能够有效改善运营，将可实现行业平均或预期的盈利水平。该指标只能用于同行业内公司的比较，通过比较并结合业绩改善，预期得出一个合理的倍数后，乘以每股销售收入，即可得出符合公司价值的目标价。

（六）EV/EBITDA 倍数法

EV/EBITDA 倍数法与市盈率法在使用的方法和原则上相近，只是选取的指标口径有所不同。Enterprise Value（企业价值）= Market Capitalization（市值）+ Debt（负债）- Cash（现金），EBITDA 是 Earnings Before Interest, Taxes, Depreciation and Amortization 的缩写，即未计利息、税项、折旧及摊销前的利润。EV/EBITDA 倍数法使用投入企业的所有资本的市场价值代替市盈率法中的股价，使用息税前盈利加折旧（EBITDA）代替其中的每股净利润。计算公式为：

$$EBITDA = 净利润 + 所得税 + 利息 + 折旧 + 摊销$$

或 $EBITDA = EBIT + 折旧 + 摊销$

企业所有投资人的资本投入既包括股东权益也包括债权人的投入，而 EBITDA 则反映了上述所有投资人所获得的税前收益水平。

第三节 收益法

收益法实际上是在预期收益还原思路下若干具体方法的集合,是从资产的获利能力角度来确定资产的价值,主要包括内部收益率法、资本资产定价模型、经济附加值以及绝对估值法等。

一、收益法概述

(一) 收益法的概念

收益法是指通过将被评估企业预期收益资本化或折现以确定评估对象价值的评估方法,收益法中常用的两种具体方法是收益资本化法和未来收益折现法。收益资本化法是指将企业未来预期的具有代表性的相对稳定的收益,以资本化率转换为企业价值的一种计算方法。收益法是指企业整体资产预期获利能力的量化与现值化,强调的是企业的整体预期盈利能力,是通过评估企业未来的预期收益,并采用适宜的折现率折成现值,然后累加求和,得出被评估企业价值的一种方法。这种方法可以用来评价目标企业持续经营价值、并购双方协同作用后的价值以及战略价值。收益法是目前在企业并购中逐步得到推广的一种方法,得到了越来越多的市场认同。

在实务操作中,未来收益折现法更为常用,是通过将企业未来预期的现金流折算为现值来估计企业价值的一种方法,即通过估算企业未来预期现金流和采用适宜的折现率,将预期现金流折算成现时价值,从而得到企业的价值。其适用的基本条件是企业具备持续经营的基础和条件,经营与收益之间存在较稳定的对应关系,并且未来收益和风险能够预测及可量化。使用未来收益折现法的关键在于对未来预期现金流的预测,以及数据采集和处理的客观性和可靠性等。当对未来预期现金流的估算较为客观公正、折现率的选取较为合理时,其估值结果较能完整地体现企业的价值,易于为市场所接受。

从企业价值的定义以及资产评估角度出发,收益法显然是评估企业整体价值的一条重要途径。企业价值评估的直接对象是企业的整体获利能力,而收益法则是以企业的整体获利能力为标的进行的评估。从这个意义上讲,收益法应该成为企业价值评估的重要思路及方法。收益还原思路及收益法涉及企业未来的净收益以及折现率等参数,因此,运用收益法需具备一定的前提条件:①被评估企业的未来净收益能够预测,并能基本保证预测收益数额的合理性和可用性;②与企业获得未来净收益相联系的风险能够估量,并能提供令人信服的根据。

(二)收益法的基本步骤

第一,搜集或验证与评估对象未来预期收益有关的数据资料;

第二,分析测算被评估资产的未来预期收益;

第三,分析测算折现率或资本化率;

第四,分析测算被评估资产预期收益持续的时间;

第五,用折现率或资本化率将评估对象的未来预期收益折算成现值;

第六,分析确定评估结果。

(三)收益法的适用范围与局限

1. 收益法的适用范围

在单项资产评估中,收益法通常被用于以下类型资产的评估:①无形资产。包括专利及专有技术、商标、著作权、客户关系、特许经营权等。②房地产。通常是指具有收益性的房产类别，比如商铺、酒店、写字楼等。③机器设备。一般情形下，单台机器设备很难独立产生收益，因此该类型资产不宜采用收益法进行评估。对于可出租的机器设备或可独立产生现金流的生产线、成套设备，可以采用收益法进行评估。④其他资产。比如非上市交易的股票、债券、长期应收款、长期股权投资等。

收益法在整体资产评估中的应用通常是对企业价值进行评估。企业经营的本质是获得收益，因此，收益法与其他评估方法相比更能体现企业存在和运营的本质特征，也是其价值更为直观的体现，较为真实和准确地体现了企业的资本化价值，也能够为所有者或者潜在投资者提供较为合理的预期，有助于投资决策的正确性，因此，容易被买卖双方所接受。

通常情形下，评估专业人员依据收益口径的不同，选择不同的收益法的具体方法进行评估。常见的方法有股利折现模型、现金流折现模型、经济利润模型，它们对应的收益口径分别为股利、自由现金流量以及经济利润。

用于企业评估的收益额可以有不同的口径，如净利润、净现金流量（股权自由现金流量）、息前净利润、息前净现金流量（企业自由现金流量）等。而折现率是一种价值比率，要注意其计算口径。有些折现率是从股权投资回报率的角度考虑，有些折现率既考虑了股权投资的回报率，同时又考虑了债权投资的回报率。净利润、净现金流量（股权自由现金流量）是股权收益形式，因此只能用股权投资回报率作为折现率。而息前净利润、息前净现金流量或企业自由现金流量等是股权与债权收益的综合形式，因此，只能运用股权与债权综合投资回报率，即只能运用通过加权平均资本成本模型获得的折现率。评估专业人员在运用收益法评估资产价值时，必须注意收益额与计算折现率所使用的收益额之间口径上的匹配和协调，以保证评估结果合理且有意义。

对于企业价值评估尤其是轻资产类型的企业价值评估，收益法通常具有很强的适用性。与传统生产型企业相比，轻资产企业所拥有的固定资产、有形资产较少，其获利的主要来源是无法体现在企业财务报表中的大量无形资产。因而如果采用资产基础法对其进行评估，则其作为盈利主体而具有的价值可能无法全面体现出来，企业价值或被严重低估。在此状况下，收益法就成为更合理的方法。

2. 收益法的局限

收益法是从资产的获利能力角度来确定资产的价值，较适宜于那些形成资产的成本费用与其获利能力不对称、成本费用无法或难以准确计算、存在无形资产以及具有收益能力的资产，如企业价值、无形资产、资源性资产等的价值评估。

但是收益法也具有一定的局限性。首先，收益法的应用需具备一定的前提条件，对于没有收益或收益无法用货币计量以及风险报酬率无法计算的资产，该方法将无法使用。其次，收益法的操作含有较大成分的主观性，如对未来收益的预测、对风险报酬率的确定等，从而使评估结果较难把握。最后，虽然从理论上讲，收益法的计算公式较完美，但是如果所使用的假设条件和基于假设条件选取的数据存在问题，那么由此进行的预测也不可能准确，评估结果也就没有意义。它既需要评估专业人员具有科学的态度，又需要其掌握预测收益和确定风险报酬率的正确方法。此外，收益法的运用也需要一定的市场条件，否则一些数据的选取就会存在困难。例如在证券市场不完善的情形下，β 系数的准确性、适用性就会存在一定的问题。同样，在市场机制不健全的市场上，对未来收益的预测不确定性因素较多，收益法的运用也会比较困难。

二、内部收益率法

（一）内部收益率的含义

内部收益率（IRR）是投资收益现值与其初始投资额相等时的收益

率,即净现值为零时的贴现率。内部收益率法的基本原理是找出一个能体现项目内在价值的数据,其本身不受资本市场利息率的影响,而是取决于项目的现金流量。内部收益率的计算公式为:

$$-C_0 + \sum_{i=1}^{T} \frac{C_i}{(1+IRR)^i} = 0$$

式中,IRR 为内部收益率。

(二) 内部收益率法的基本原则和存在的问题

1. 内部收益率法的基本原则

若内部收益率大于贴现率,项目可以接受;若内部收益率小于贴现率,则项目不能接受。贴现率小于内部收益率时,净现值为正;贴现率大于内部收益率时,净现值为负。这样,在贴现率小于内部收益率时接受某一项目,也就意味着接受了一个净现值为正值的项目。

2. 内部收益率法存在的问题

(1) 对于投资项目和融资项目,决策标准完全相反。融资项目的现金流量方向与投资项目的现金流量方向完全相反,在融资项目中,公司可以先获得一笔资金,然后再流出现金。对于融资类项目而言,当内部收益率小于贴现率时,可以接受该项目;若内部收益率大于贴现率,则不能接受该项目。

(2) 应用该法可能出现多重收益率问题。若某一项目每期现金流量依次为负的现金流量、正的现金流量、负的现金流量,则称之为非常规现金流量。非常规现金流量会造成多重收益率现象,即存在多个内部收益率。此时,只能运用净现值法来进行投资决策。

(3) 互斥项目。独立项目是指对其接受或者放弃的决策不受其他项目投资决策影响的投资项目。互斥项目是指存在相互排斥关系的项目,对其接受或者放弃的决策受其他项目投资决策的影响。比如可以选择项目 A 也可以选择项目 B,或者是两者同时放弃,但不能同时采纳项目 A 和项目 B。在互斥项目中使用内部收益率法还可能存在规模问题和时间序列问题,这是因为:①内部收益率法忽略了项目的规模,高收益率掩盖了其获取"收益"这一绝对值偏低的不足;②内部收益率法忽略了现金流量的时间序列问题。

对于两个互斥项目的投资决策,可以用以下三种方法:①比较净现值,选择净现值最大的项目;②比较增量内部收益率与贴现率,若增量内部收益率大于贴现率,选择投资额大的项目;③计算增量现金流量的净现值,若增量净现值为正值,选择投资额大的项目。

例5-1 必须在A、B两个项目中选择,如果没有回收时间的考虑,假定贴现率为12%,应该选择哪个项目?其中A、B项目的现金流量如表5-1所示,现值表如表5-2所示:

表5-1 项目A和项目B现金流量表　　　　单位:万元

年份	项目A	项目B
0	-3000	-2000
1	1000	750
2	1500	1250
3	1500	1250
4	750	500

表5-2 现值表

n	1	2	3	4
12%	0.893	0.797	0.712	0.636

解:互斥项目可以采用增量现金流法

$$NPV_{A-B} = -1000 + 250 \times 0.893 + 250 \times 0.797 + 250 \times 0.712 + 250 \times 0.636$$
$$= -240.5 （万元）$$

因此,应该选择项目B。

三、资本资产定价模型

资本资产定价模型,简称CAPM,最早是由美国经济学家夏普、林特尔、特里诺和莫辛等在1964年基于投资组合理论和资本市场理论提出的。该模型主要研究的是单项资产的预期收益率与资产市场组合收益率之间的关系。资本资产定价模型（CAPM）给出了确定资产风险及其期望收益率之间关系的精确预测方法。这一关系有两个重要的作用：首先，它提供了一种估计潜在投资项目收益率的方法；其次，使人们对不在市场上交易的股票也能做出相对合理的估价。

（一）资本资产定价模型的基本假定

资本资产定价模型是基于风险资产期望收益均衡的模型，通过讨论简化的世界投资者行为推导出资本市场均衡时资产价格变化的均衡关系。资本资产定价模型基本假设有：

（1）市场中有大量投资者，每个投资者的财富相对于所有投资者的总财富而言非常小，所有的投资者都是价格的接受者。

（2）所有的投资者都有相同的投资期限，投资者通过资产组合在某一时期内的预期收益率和标准差来评价这个资产组合。当两种证券的标准差相同时，他们选择预期收益率较高的证券；当两种证券的预期收益率相同时，他们选择标准差小的证券。

（3）投资者具有相同预期，即对所有证券的预期收益率、标准差和证券之间协方差的看法相同。

（4）投资者的投资范围仅限于金融市场中交易的资产如股票债券等，所有资产都是无限可分的，投资者可以购买任意份额的资产。

（5）投资者可以以无风险利率贷出或者借入资金，且无风险利率对所有的投资者相同，不存在交易费用和税负。

（6）对于所有的投资者，信息是免费的并且是瞬时可得的。

（二）市场的期望收益

市场的期望收益是无风险收益率加上市场组合固有风险所需的某些补偿，其公式为：

$$R_m = R_f + 风险溢价$$

一般认为对未来风险溢价的最佳估计值是过去风险溢价的平均值，并且风险溢价假定是正值，因为投资者要求对风险给予补偿。

(三) 单个证券的期望收益率

资本资产定价模型认为，当市场处于均衡状态时，单个风险性金融资产与市场组合在期望收益率与风险上存在以下关系：

$$E(R) = R_f + \beta \times (R_m - R_f)$$

式中，$E(R)$ 表示当市场处于均衡状态时，某资产（或资产组合）的期望收益率；R_f 表示市场无风险利率；R_m 表示当市场处于均衡状态时，市场证券组合的期望收益率，一般可以某种市场指数（如标准普尔500指数等）的收益率来表示。上式表明，资产的收益只有两个来源：一是资金的纯粹时间价值；二是投资者因承担系统风险应得的风险报酬。CAPM表明，证券的期望收益率主要依赖于其系统风险，与其非系统风险无关。我们可以这样直观地理解该重要结果：在证券投资中，通过多元化投资来分散风险几乎没有成本，因此，人们可以轻而易举地消除资产的非系统风险，进一步地，承担这类风险就不应得到风险报酬。与此相反，系统风险无法通过多元化投资的方法来消除，它是投资者必须承担的风险。为了吸引人们承担系统风险，就必须给予相应的风险报酬。

同时，CAPM模型中 β 系数是用来度量一项资产系统风险的指针，以股票收益率与市场组合收益率的协方差除以市场收益率的方差得到，是用来衡量一种证券或一个投资组合相对总体市场的波动性的一种风险评估工具，它反映证券对于整体市场的波动性及证券的系统风险与整体市场风险之间的相关程度，其计算公式为：

$$\beta = \frac{COV(R_i, R_m)}{Var(R_m)}$$

对CAPM模型，有如下假定的特殊情况：

(1) 假设 $\beta = 0$，就有 $R = R_f$，证券的期望收益正好等于无风险资产的收益率。$\beta = 0$ 就表明该资产不存在系统风险,而完全是由非系统风险组成,这类风险可以通过分散化投资予以消除。

(2) 假设 $\beta = 1$,就有 $R = R_m$,证券的期望收益等于市场的期望收益,这是合理的,因为市场组合的 β 系数是1。

(四) 证券市场线

证券市场线简称为 SML,是资本资产定价模型(CAPM)的图示形式,是以 $E(R)$ 为纵坐标、β 为横坐标的坐标系中的一条直线。传统 CAPM 的公式 $E(R) = R_f + \beta \times (R_m - R_f)$ 显示,风险资产的预期收益与其所承担的市场风险 β 值之间呈线性关系,如果把这一线性关系表示在以预期收益和 β 值为坐标轴的坐标平面上,就是一条以 R_f 为起点的射线,这条射线被称为证券市场线。由于 β 值是资产的市场风险度,SML 反映的是资产的市场风险与其预期收益之间的关系,斜率为 $(R_m - R_f)$,这一线性关系适合于所有风险资产的收益与风险关系的说明,如图 5-1 所示:

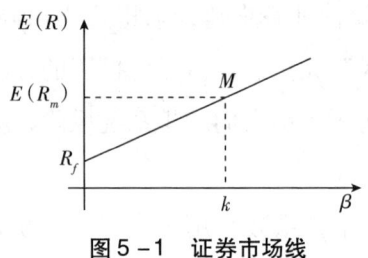

图 5-1 证券市场线

(五) 资本市场线

资本市场线是指在以预期收益和标准差为坐标轴的平面上,表示风险资产的有效组合与一种无风险资产再组合的有效组合线,资本市场线所代表的方程为:

$$E(R_p) = R_f + \frac{E(R_m) - R_f}{\sigma_m} \times \sigma_p$$

资本市场线反映有效组合的期望收益率和标准差之间的一种简单的

线性关系。资本市场线对有效组合的期望收益率和风险之间的均衡关系提供了十分完整的阐述。有效组合的期望收益率由两部分构成：一部分是无风险利率 R_f，它是由时间创造的，是对放弃即期消费的补偿；另一部分则是对承担风险 σ_p 的补偿，通常称为风险溢价，它与承担的风险 σ_p 的大小成正比，其中的系数（也就是资本市场线的斜率）代表了对单位风险的补偿，通常称之为风险的价格。如图 5-2 所示：

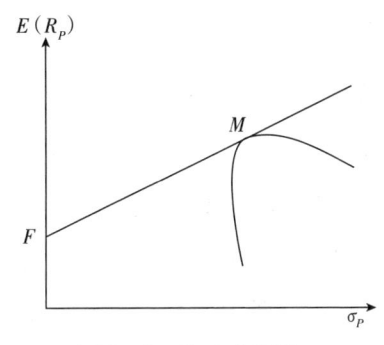

图 5-2　资本市场线

四、经济附加值

经济附加值（Economic Value Added，EVA）又称经济利润、经济增加值，即从税后净营业利润中扣除包括股权和债务的全部投入资本成本后的所得。其计算公式如下：

EVA = 税后净营业利润 -（加权平均资本成本 × 投资资本总额）

其中，资本成本的计算公式如下：

资本成本 =（债务资本成本 + 股本资本的成本）=
资本总额 × 加权平均资本成本

EVA 是基于税后营业净利润和产生这些利润所需资本投入总成本的一种企业绩效财务评价方法，核心理念是资本成本，从投资者角度来看，资本成本就是机会成本；从企业角度来看，资本成本就是使用资金的机会成本，是投资项目要求的最低收益。如果企业资本收益率低于投资者要求的收益率,那么企业则难以在资本市场上获得投资者的青睐。EVA指标充分考虑到了资本的使用也是有成本的,能够把资本的真实增值部分计算出来,是衡量业绩最准确的一把尺子,能够显著减少经营和财务风险,使投资者更好地衡量收益的数量和持续性,使资本得到最有效的利用。

五、绝对估值法

(一) 股利贴现模型

股利贴现模型(DDM)是以企业未来特定时期内的派发股息为基础,按一定折现比率计算现值,借以评估企业价值的方法。这是一种收入资本化的估价思路,按照这种思想,任何资产的内在价值都是由拥有这种资产的投资者在未来时期中所接受的现金流决定的。对于股票来说,这种预期的现金流即在未来时期预期支付的股利。企业利润代表了企业新增加的价值,如果企业将全部利润分配给企业股东,则企业的净利润即为股票的收入,价值的增长反映为股利的多少;如果企业只将净利润中的一部分分配给股东,另一部分作为积累留在企业内部,则积累的部分最终也体现为递延的股利发放。该方法的思路是证券的内在价值是由其在未来可以产生的现金流决定的,其计算方法是:①确定证券的存续年限;②确定证券在存续年限内产生的现金流量;③确定在不同年限的必要收益率(也就是贴现率,有时采用资本资产定价模型进行计算);④按照现金流流入的时间和对应的贴现率进行贴现计算;⑤将所有现金流的贴现值进行加总,得到股票的估值。一些理想的情况下,可以将现金流进行简化,得出零增长模型(假设每期股息都相同)以及稳定增长模型(假设每期股息以一个固定的比率增长)。股利贴现模型的常规公式为:

$$P = \sum_{t=1}^{n} \frac{D_t}{(1+K)^t} + \frac{F}{(1+K)^n}$$

式中，D_t 为在时间 t 内以现金形式表示的每股股利；K 为在一定风险程度下的贴现率；F 为待 N 期股票出售时的预期价格；P 为每股股票的内在价值。

(二) 现金流贴现模型

现金流贴现模型，即 DCF 估值法，是目前使用较广泛的估值法之一，属于绝对估值法，最早由美国学者拉巴波特提出，其定义是企业产生的，在满足了再投资需求之后剩余的，不影响企业持续发展前提下的，可供企业资本供应者（即各种利益要求人，包括股东、债权人）分配的现金。现金流贴现模型是将企业的某一项资产在未来有可能产生的自由现金流根据合理的折现率折现，从而合理估算出该项资产的价值。若折现后的价值低于当前价格，说明价格高估，可以卖出或者回避；若折现后的价值高于当前价格，说明价格低估，可以买入。该估值法适合那些股利不稳定，但现金流却能反映盈利能力较好的企业。现金流贴现模型（DCF）主要包括股权自由现金流模型（FCFE）和自由现金流量折现模型（FCFF）。

1. 股权自由现金流模型

股权自由现金流（Free Cash Flow to Equity，FCFE）是指企业股权拥有者（股东）可分配的最大自由现金额。股权自由现金流表示的是企业在支付完所有的债权本金和利息以及维持现有资产和新增资产的资本支出以后的企业所有的能由股东完全支配的现金。股权自由现金流（FCFE）模型来源于现金流贴现模型，后者的基本思想是，资产的内在价值由资产所有者在未来时期所能收到的现金流的现值所决定。整个模型的基本原理就是，投资人买入的是企业未来自由现金流（即可供分配的现金）的现值。和早期的股利贴现模型相比，最大的不同在于股利贴现模型只考虑企业用于分配的股利。但只考虑现金股利分配不符合大多数企业尤其是高成长企业的实际情况，因为这些企业少分现金股利或者不分配现金股利而将资金投入新项目中去可能更能增加企业的价值。

2. 自由现金流折现模型

自由现金流折现模型（Free Cash Flow for the Firm，FCFF），是指通过预测企业在未来时段内的自由现金流量来估计企业现在的价值。公司自由现金流折现模型通过预测企业将来各年所拥有的现金流量结合对资本自身的机会成本的估计来评估企业的内在价值。公司自由现金流是公司为了保证将来能够持续发展而必须支付一些费用，包括营运费用、固定资产投资等，最后剩下的能够向一切投资者分配的税后现金流量。该模型的基本思想是企业未来产生的自由现金流量就是企业最真实的收益。从本质上来说，估值就是估计公司获取而并非投资者获得股利的自由现金流的现值合计，企业现金流量的估值公式为：

$$TV_a = \sum_{t=0}^{T} \frac{FCF_t}{(1+WACC)^t} + \frac{V_t}{(1+WACC)^t}$$

式中，TV_a 为企业价值；FCF_t 为在 t 时期内企业的自由现金流量；V_t 为 t 时刻企业的终值；$WACC$ 为加权平均资本成本或贴现率。

复习思考题

1. 成本法中各参数如何估算？
2. 市场法中参考企业比较法和并购案例比较法有何异同？
3. 资产评估方法的选择有哪些要求？
4. 简述成本法、市场法以及收益法三种资产评估方法的异同。

第六章

PE、PB和PS估值法

相对估值法又称可比法，是指基于可比（相似）资产的乘数对资产估值，即以相似资产的乘数为基准估值。相似资产被称为可比资产或基准资产。例如，将市盈率（PE）的基准值乘以企业每股盈利（EPS）的估计值，得到对公司股价的快速估计值，这个估计值可以与股票的市场价值进行比较。同样地，将股票的实际价格乘数与基准乘数进行比较，我们能够得到股票是否合理定价、相对高估或者低估的一致结论。价格乘数背后的思想是不能孤立地评价股票价格，相反，股票应该根据它能买到的收益、净资产或者其他价值衡量进行评价。价格乘数是价格除以每股基本价值，它代表购买一单位基本价值的价格，无论基本价值以哪种形式衡量，不同种类的股票都能以这类每股价格比每股价值的度量法进行比较，同样一单位的利润，投资者对市盈率为25倍的股票要比市盈率为20倍的股票支付更多，在有效定价的基础上应用可比法，我们有理由认为两种各方面相似的证券（如果它们有相似的风险、利润率和增长前景），市盈率为20倍的股票相对市盈率为25倍的股票被低估了。

在相对估值方法论中会出现多种基准乘数的选择，包括非常相似股票的乘数和同行业可比组乘数的平均数或者中位数，其内在经济原理是一价定律（law of one price），即两种相同的资产应以同样的价格出售，出于便捷性的考虑，可比法可能是最广泛使用的一种方法，因此乘数在估值中一般被单独看作一种相对估值法。一般来说，价值乘数主要包括基于股权价值的权益乘数和基于企业价值的价值乘数，即市盈率、市净率、市销率等，运用相应指标进行估值的方法即为市盈率（PE）估值法、市净率（PB）估值法以及市销率（PS）估值法。

在企业价值评估过程中运用价值乘数法主要需要解决两个方面的问题：第一，可比企业选取问题。在进行评估时需要综合考虑行业、产品等因素的影响，如主要依托技术创新或产品创新而创立的企业，个体间的差异性突出，在市场中可比企业的确定是一个难点，尽管在市场中存在数量相对充足的上市公司，理论上可以提供丰富的可供选择的企业，但由于企业间的差异，进行估值时还需要考虑流动性折扣等诸多问题。第二，用于选取可比企业的价值乘数的选择。依据价值乘数选择可比企业则应首要考虑指标的可比性以及指标与企业价值的关联性。通常情况下，只是将指标与企业价值视为简单的线性关系，但在企业的可比因素中，可比的指标因素对企业价值的影响却更为复杂。企业的商业模式决定了估值模式，我们需根据不同类型的企业采取不同的估值方法。一般来说，重资产型企业（如传统制造业），以 PB 估值法为主，PE 估值法为辅；轻资产型企业（如服务业），以 PE 估值法为主，PB 估值法为辅；对于初创型企业，可以辅以 PS 估值法进行综合性评估。本章将重点对以上三种方法进行介绍。

第一节 市盈率（PE）估值法

市盈率指标综合了投资的成本和收益，既能体现投资的风险，也反映了收益性，具有适用性、可比性强的优点，是企业价值评估中最常用的指标。

一、PE估值法简介

市盈率，即股价收益比率或市价盈利比率，是公司普通股每股股价与每股收益的比值，简称 PE（Price/Earning），也可称为 PER（Price Earnings Ratio），其计算公式为：

$$市盈率 = \frac{每股市价}{每股净利润}$$

从理论意义上来说，市盈率是指投资者为获取每一元盈利所需支付的价格，反映了股票收益和市场价值的关系以及对于未来盈利和风险的预期，例如，市盈率为20倍代表购买一个单位利润（例如1元的利润）需要花费20单位的货币（例如20元）。对于一家增长型企业来说，如果其股价是合理的，将股价与每股盈利相除即可计算该企业的市盈率，若企业每股盈利为5元，股价为40元，则市盈率为8倍。

市盈率指标的意义在于，假定股票市价不变，投资者单纯通过接受公司分红多少年可以收回本金。理论上讲，市盈率是反映股价泡沫和投资风险的指标，市盈率越高，股价越高，本金收回时间越长，投资风险越大，投资价值越低；反之则反。另外，市盈率也是公司增长强劲有效的指示器，即市盈率高表明投资者对公司增长的前景有信心，是市场对公司增长前景的乐观反映，市盈率越高暗示着市场越看好企业的前景，但对于投资者来说，市盈率较低的股票相对投资风险也较小，具有较强的吸引力，不过在信息透明度较高的金融市场中市盈率过低的股票比较少见，单凭市盈率来进行企业股票价值的评估具有较高难度。

市盈率是衡量股价和企业盈利能力之间关系合理性的重要指标，通常来说，市盈率一般是指静态市盈率，并以此作为判断不同价格的股票是否被高估或者低估的指标。通常认为，若一家公司股票拥有过高的市盈率，那么该公司的股票价格存在泡沫，价值被高估，市盈率越高，其当前价格与内在价值的背离程度越高；若公司的市盈率越低，则该公司越被低估，那么其股票就越有投资的价值。我们在使用市盈率对企业进行分析时，通常将目标公司与和它属于同一行业的上市公司进行对比分析，由于市盈率将企业的股价和盈利能力相结合，其水平高低更能真实地反映股票价格的高低，但在进行股票估值时，市盈率也存在着一定的局限性和缺点，运用PE估值法对不同企业进行估值时，需要对其多重影响因素进行综合考量。图6-1为标普500指数市盈率变化。

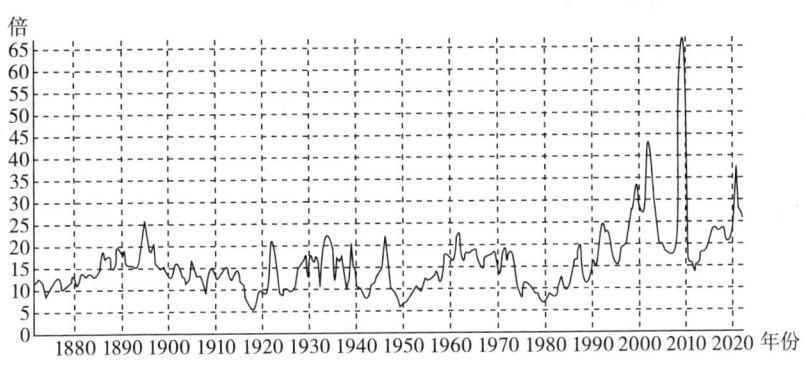

图6-1　标普500指数市盈率变化

二、PE 估值法的影响因素

从理论上分析，市盈率反映企业的盈利能力，从而决定股东的期望收益。相较于单个企业而言，其行业特点的不同往往导致市盈率的不同，有时同一行业内的企业在没有参照的条件下无法相互比较，不同行业的企业之间的市盈率差距之大往往更甚，难以进行单个企业的比较，而具有共同背景和经营环境的企业所构成的行业市盈率更能反映企业所处的状况，因此在运用 PE 估值法时往往采用行业市盈率进行比较，行业市盈率是指行业整体的市盈率，可以体现出行业特征，作为标杆可以直观地解决上述问题。

在实践中，当经济环境影响企业市盈率时，行业市盈率也因企业市盈率的变动而产生波动，相比之下，行业市盈率波动会更为稳定，但在考虑企业异质性的情况下，因财务和经营风险的差异，对单个企业不能直接用行业市盈率进行评估，还需要考虑除了每股收益的不同外，其他因素对市盈率估值法估值结果的影响。

（一）宏观影响因素

1. GDP 变动率

行业 PE 估值法受到宏观因素中的 GDP 变动率的影响，体现为市盈率和市净率与 GDP 变动率同方向变化。即当某一国家 GDP 处于高速增长时期，市场就会提高对公司的收益预期，也就意味着公司具有较高的发展潜力和股价水平，公司的市盈率也会随之提高；当某一国家经济低迷，GDP 增速放缓甚至下降，市场就会降低对公司的收益预期，这就会导致公司的市盈率下降。

2. 利率

我们可以从以下两条路径来理解市场利率对股价产生的影响：一方面，证券市场的资金流动情况直接受到国家利率变化的影响，通常来说，伴随着市场利率的下降，银行金融机构中的大量资金将会出逃至股票市场，此时不断上升的资金供应量将会抬高股价，PE估值法的结果也就会随之上升；另一方面，一旦市场利率上调，市盈率和市净率就会出现下跌的情况。所以PE估值法结果的变化呈现出与利率变化相反的趋势。

3. 通货膨胀

通货膨胀同样会对证券市场供求变化产生影响，一般情况下，在发生通货膨胀时大多数投资者会偏向于选择股票、债券、房地产等通货膨胀时期保值能力更强的资产来避免货币贬值损失，这会增加股票市场的需求，从而对PE估值法的结果产生影响，并呈现出与其正向相关的趋势。

4. 其他因素

除上述因素之外，汇率水平、财政赤字额度、国民总体储蓄率等宏观因素都会对企业的PE估值法产生正向或负向的影响，因为企业价值评估的结果具有一定的时效性，是企业在某一时点的价值，因此在考虑PE估值法的影响因素时一般不需要考虑宏观因素的影响，主要考虑微观因素对同行业内企业的影响。

（二）微观影响因素

微观影响因素主要可以分为财务指标和非财务指标两大类。财务指标因素有反映偿债能力的指标、反映企业成长能力的指标、反映企业盈利能力和质量的指标、反映经营营运能力的指标等，而非财务指标则有客户满意度、员工学习能力等指标。

1. 偿债能力

企业的偿债能力即清偿负债和利息的能力，可以通过计算企业所拥有的相应资产和负债所占比例得到。偿债能力直接影响到一家企业通过外部融资获得资金的难易程度，偿债能力处于较高的水平也就意味着企业能保持稳定的经营和发展，偿债能力的强弱不能仅依靠财务指标的高低来判定，还需要均衡财务风险和经营风险。除了长期资产之外，企业可以通过不断地循环利用其短期资产来偿还长期负债。如果长期资产变现与企业当年的留存收益无法满足短期负债的要求，此时流动资产的变现能力可能左右企业的持续经营状况，这是因为较低的短期偿债能力将会导致公司很可能面临破产清算的局面，与此同时，也会使得股利分红和利润支付减少。

由此可以看出，短期偿债能力越强，企业经营能力越强，日常经营风险小，企业在投资者中的认可度高，从而 PE 估值结果将较高，但也不能只关注短期偿债能力对价值乘数的影响，长期偿债能力也能对行业市盈率产生相似的效应。

2. 盈利能力

盈利能力是企业发展的基础，表现为企业投资资本的增值能力。盈利能力强的企业更容易获取超额回报，提升企业价值；盈利能力长期处于较低水平的公司，无法实现长远的发展与壮大，在资本市场上的盈利能力弱，持续经营能力弱。毛利率、销售净利率可以反映产品的盈利能力；资产收益率、股东权益净利率等反映资源的使用效率；每股经营现金流量、营运指数等反映盈利的质量。可以从以上三个方面各选取一个指标，一般以资产净利率（ROA）、股东权益净利率（ROE）、销售净利率（ROS）综合分析企业的盈利能力。

3. 资本结构

资本结构指的是长期债权资本和股权资本的构成和比例关系，当资本结构调整至公司投资成本最小时，达到最佳资本结构。由于资本结构可以通过影响企业的价值创造，进一步影响股价的波动，使财务杠杆的正向调节功能充分发挥作用，因此资本结构需要得到合理的优化调整，从而达到企业的资本成本下降的目的，资本结构将进一步影响企业的市盈率和市净率等指标，一般可以选取资产负债率作为反映资本结构的财务指标。

4. 营运能力

营运能力揭示了资金运营周转的能力和资产管理的效率，营运能力对企业的偿债能力和盈利能力都会产生一定的影响，科学有效的营运能力评价指标可以合理引导企业经营活动，缩短企业的经营差距。不同行业中反映营运能力的财务指标可能会有较大区别。例如，医药行业是制造业的一个子行业，这类企业处在一个资本密集型行业中，有着大量的固定资产，固定资产的使用效率直接关系到企业的经营效率和获利能力，因此固定资产周转率是反映医药行业营运能力的有效指标；而文化、体育和娱乐业的核心竞争力则是优质的IP，此时用固定资产周转率来体现企业的营运能力就显得不合适。因此，本书选取营运能力指标时将基于行业的特性，从固定资产周转率、流动资产周转率、应收账款周转率等指标中进行选择。

5. 成长能力

为了判断一只股票是否具有价值以及是否具有投资的必要，成长能力是必须要参考的核心指标。对于一家拥有高成长性的企业而言，高市盈率是一个显著的标志，反之未必成立。我们可以从以下两个角度来理解成长能力这一宽泛的概念：一个是财务角度，企业的销售收入增长率、利润增长率、公司规模扩大程度都体现了其成长性；另一个是非财务角度，如员工数量的增长、市场份额以及地位的提升等，这些都是企业成长性的表现。在以往的分析中大多采用净利润增长率作为衡量企业成长能力的实证分析的关键指标，但是净利润中涵盖了营业利润、投资收益、营业外收支等方面，反映了公司的整体经营情况，其中也包含了一些与公司主营业务无关的项目，这也就导致了净利润增长率的不稳定性，它并不能准确地体现公司的成长能力。因此，在考虑公司的成长性时，净利润增长率并非最好的指标，营业利润增长率和营业收入增长率这两个指标更符合要求。

三、PE 估值法的应用

PE 估值法在我国应用广泛，主要是由于它在使用上具备方便性，但 PE 估值法有被滥用的迹象，实际上 PE 估值法有它的局限性，并非对所有公司都适用。由于 PE 估值法选取每股收益作为基本面参考指标，适合于周期性较弱的行业，其盈利相对稳定，如公共服务业。但 PE 估值法不适合于周期性较强的行业或企业，如一般制造业、服务业，每股收益为负的公司房地产等项目性较强的公司，难以寻找可比性较强企业的公司，多元化经营普遍、产业转型频繁的上市公司，因此在实际进行价值评估时应当综合考虑 PE 估值法的适用性，在实际运用中需要综合考虑以下几个方面的问题。

（一）静态市盈率和动态市盈率

计算市盈率时，股价通常取最新收盘价，而每股收益若按已公布的上年度每股收益计算，称为静态市盈率，若按市场对今年及明年每股收益的预估值计算，则称为动态市盈率。由于上市公司的经营状况是在不断变化的，静态市盈率有时反映投资价值失真，而动态市盈率是以本会计年度计划税后利润为依据，将获利水平的变化考虑在内，比较符合现时的情况，但其在科学性、指导性上难免因某些主观因素而产生误差，估值是预测未来的过程，因此在利润预测可行的情况下一般更关注动态市盈率。对于大型企业而言，一般能够预测利润并从商业数据库获取其他预测数据，但当利润无法预测时，静态市盈率或许更合适。静态和动态市盈率都是基于一年的每股收益，但如果这个数字是负数或者无法反映企业的盈利能力，可能会以更长时间段的预期平均每股收益计算市盈率。在逻辑上，特定的市盈率有时并不相关，如企业的运营和财务风险会因重大的并购拆分或者财务杠杆的变化而发生巨大改变，导致基于过去每股收益的静态收益率不再提供关于未来的信息，因此与估值不相关，在这种情况下动态市盈率才是合适的手段。

需要注意的是，应用市盈率时应对所有需要检验的公司和时间段使用相同的定义。否则，对同一家公司的不同时间段或者在同一时间点的多家公司而言，市盈率不可比，原因在于，采用不同方法计算出的市盈率差异可能是系统性的（与随机性相对）。例如，对于利润不断上升的企业而言，动态市盈率比静态市盈率小，因为动态市盈率的分母更大。

（二）行业成长性、利率和股本影响

通常来说，高科技、朝阳行业股票的市盈率较高，这些公司往往处于行业生命周期的前期，成长潜力大，前景乐观。而纺织、钢铁等成熟行业的市盈率可能只有十几倍，由于其股票不具备成长潜力，股价很难进一步上升。在美国股市中，那些具有良好成长性股票的平均市盈率一般高出市场平均市盈率。市盈率也受利率变化的影响，当利率处于高水平时，股票市盈率较低；利率处于低水平时，股票市盈率较高，此时企业成本支出将减少，企业的盈利会增加。

就企业股本进行考虑，在其他因素相同的情况下，总股本和流通股本越大，市盈率越低；反之亦然。在赚取差价仍是投资者获利主要手段的市场中，小盘股兼有丰富重组题材和股本扩张能力优势，价格波动较大，机会较多，而大盘股则不具备这种优势，因此在应用市盈率法估值时，不能只依据市盈率单一指标，应考虑各方面因素，结合其他的指标进行综合分析。

（三）上市公司股本扩张的摊薄作用

上市公司的股本因送股配股而扩张，会摊薄每股收益，但由于公司的股本扩张往往会给外界带来公司正在成长的印象，股价会上升，甚至填权，进而市盈率会升高，因而需要根据具体环境具体分析，以确定每股收益的摊薄对市盈率的影响性质和程度。

在实践中，我们可以通过对公司关键参数的假定得到市盈率，这种方法实际上与绝对估值法在本质上是一致的，在估值时需要对公司的风险、未来增长率和股息率进行一系列的假设，并通过与主营业务相类似

的公司对比得到标的公司的市盈率。在投资实践中采用的方法往往是选取一组与目标公司相似的公司，取这些公司市盈率的平均值，再比对目标公司与这些公司，作一定的修正和调整，得到公司市盈率。这样做的前提或假设是待估公司的市盈率处于行业的平均水平，显然这种假设是不一定正确的，因为我们还必须考虑到在同一行业中不同公司的具体情况和行业地位，因此我们不能简单地将行业的平均估值水平用于对行业龙头的估值。此外，公司的市盈率会随着整个市场波动，当整个市场都处于非理性状态时，使用相同或类似公司的市盈率进行估值的合理性存疑，在这一点上，绝对估值法更集中于公司的基本面，比相对估值法更有合理性。

四、PE估值法的优点及局限分析

（一）优点

　　PE估值法得以广泛使用的主要原因就是它简单明了、数据易得，使用起来非常方便。PE值反映了普通股票市场价格与企业报告盈利之间的相关关系，是一个将股票价格与当前公司盈利情况联系在一起的一种直观的统计比率。对于绝大多数股票而言，市盈率计算简单，获取渠道较多，这使得股票之间的比较变得十分简单。

　　另外，市盈率包含的内容较多，包括公司经营的风险、利润增长、当前盈利与未来盈利的差异和不同的会计政策等，使得股票之间的比较变得十分简单。市盈率能作为公司一些其他特征包括风险性与成长性的代表，通过将价格和收益联系起来，直观地反映投入和产出的关系，更能反映市场中投资者对公司的看法。例如，如果投资者对金融业股票持乐观态度，那么该行业公司股票的市盈率将较高，以反映市场的这种乐观情绪。与此同时，这也可以被看成市盈率的一个弱点，特别是当市场对所有股票的定价出现系统误差的时候。例如，投资者高估了零售业股票的价值，那么使用该行业公司股票的平均市盈率将会导致估值错误。

最后，市盈率直观地反映了公司股价的本质。一般来说，公司股票价格的走势与公司盈利相关，大多数股票的市盈率计算简单且容易比较，包含了相当丰富的内容：它涵盖了风险补偿率、增长率、股利支付率的影响，决定市盈率的因素包括公司经营的风险、增长、当前盈利与未来盈利的差异和不同的会计政策等。

（二）局限

第一，PE估值法过于偏重每股收益这个极易被操纵的财务指标。每股收益在反映公司收益方面有很大的局限性。首先，由于大量应收款的存在，一个具有较高的每股收益的公司可能现金流并不充沛，这大大降低了收益的质量和真实性。其次，因税后利润的计算会受到不同的资金成本、融资比率、不同的折旧计提方法、税率及不同会计制度下存货等计价方法的影响，上市公司比较容易调节某个年度的税后利润。最后，当每股收益为负值时，市盈率是没有什么意义的，即无法使用PE估值法对亏损企业进行评估，这个问题虽然可以通过每股收益正常化而部分得到克服，但就问题本身而言是无法消除的。

在市盈率指标中，每股收益指标并未考虑收益的质量；若公司存在大量应收账款且应收年限较长或存在较大沦为坏账的风险，此时由当期利润得来的每股收益有多大意义值得商榷。利润表是公司最好进行财务操作的一个报表，它可以通过调节上市公司会计政策来调节某个年度的净利润及税后利润。同时，PE估值法作为一种相对估值法，其背后体现的是无套利定价原理，而无套利定价原理存在一系列假设，这些假设在现实中可能得不到满足，这对于相对估值法来说是一种缺陷。比如，要在市场中找到大量可以替代的资产，这一假定在相对估值法中被发展为找到可以同比的公司群的假设，但若市场中并没有相同类型的公司或者即使有相同的公司也无法进行投资，就对相对估值法的有效性提出了挑战。

第二，市盈率通过企业每股收益计算得到，但是很多人为原因会导致一个企业的每股收益数据失真，比如会计准则的变化会导致每股收益的变化，而企业的基本面却并没有发生实质改变，另外，每股收益也容易被粉饰。作为相对指标，市盈率会由于指标变化出现异常情况，失去评价作用，如衰退和转型阶段的公司市盈率会高达成百上千倍。因此需要具体分析，才能对市盈率做出合理解释。同时，市盈率的比较包括不同国家、不同市场、不同行业和不同公司的横向比较，以及不同历史发展时期的纵向比较，各基本因素的差异都会导致市盈率的不同，故不能简单地进行市盈率比较。

第三，市盈率存在滞后性。目前广泛使用的指标为静态市盈率，静态市盈率在计算时使用的每股收益数据为上市公司在最近一个报告期内公告的数据，但进行股票投资时，我们看重的是企业未来收益及发展，需要对企业未来的盈利情况进行预测，判断企业的投资价值，而企业的未来每股收益不是一般投资者能够简单预测的，因此所得出的市盈率具有一定的滞后性，导致市盈率的参考价值有所下降。另外，某些公司受到行业周期性的影响，其盈利能力也会相应地发生周期性变化，公司收益的波动常会引起市盈率在不同时期出现较大变动，在盈利水平将随着宏观经济状况的变动而波动时，价格反映的却是投资者对公司未来的预期，一家周期型公司的市盈率在经济衰退期会偏高，而在经济繁荣期则会偏低，而企业的内在价值却并没有发生实质改变，因此市盈率指标不适用于周期型行业。

第二节 市净率（PB）估值法

市净率指标体现了公司的净资产质量和发展前景，是评估资本市场中企业质量和价值的重要指标。

一、PB 估值法简介

市净率是指企业的市场价值与企业净资产的比率，简称 PB（Price/Book value），其计算公式为：

$$市净率 = \frac{每股市价}{每股净资产}$$

资产的市场价值反映了该资产的盈利能力和预期现金流，而账面价值反映的是它的初始成本，在财务报表上，公司的账面价值一般用股东权益指标来代替，其中每股股东权益即每股净资产，因此 PB 被称为市净率。一般来说，净资产为公司资本金、资本公积金、资本公益金、法定公积金、任意公积金、未分配盈余等项目的合计，它代表全体股东共同享有的权益。净资产的多少是由股份公司经营状况决定的，股份公司的经营业绩越好，其资产增值越快，股票净值就越高，因此股东所拥有的权益也就越多。市净率将企业资产的成本与现值相联系，主要反映企业的溢价程度，不直接反映企业的经营成果。

通过市净率进行企业价值评估的方法称为 PB 估值法，这种方法的假设前提是股权价值是净资产的函数，类似的企业有相同的市净率，且目标企业的净资产越大，则股权价值越大。由于净利为负值的企业不能利用市净率法进行评估，而市净率极少为负值，因此这种方法可以运用于大多数企业。在 PB 估值法中，相对估值乘数中的分母使用的是财务报表中的净资产，该方法认为标的企业的股权价值可参照平均市净率标的净资产，其背后的逻辑是：股东持有的股票实际上是公司所有者权益的体现，因此标的公司的股票价值应该与公司的净资产相关；公司存在的法律及经济前提都是净资产必须为正，因为如果公司清算，那么在债务清算之后无形资产则将不复存在，而优先股的优先权之一就是清算时拥有优先追索权，如果公司盈利，则不会进入破产清算程序，而一旦净资产为负，公司将进入破产程序，因此，PB 估值法可以运用于大多数行业（或公司）。

由于每股净资产的相对稳定性和直观性，PB 估值法侧重于从资本本身盈利能力的角度体现公司价值，但在运用市净率进行股票估值时存在一定的缺陷，如企业的净资产数据会受到会计政策选择的影响，若估值过程中所选取的企业执行的会计准则或者会计政策不同，市净率的可比性将受到一定影响；并且净资产一般只考虑公司的有形资产，在轻资产的服务型企业、高科技企业及其他企业中，净资产与企业内在价值的联系性较弱，其市净率的可比性及实际意义也相应地受到限制，因此在估值过程中不能单纯考虑市净率，还需要对当前的市场环境和企业经营状况、盈利能力等因素进行分析。

二、PB 估值法的影响因素及应用分析

（一）PB 估值法的影响因素

与 PE 估值法相类似，PB 估值法在宏观上受 GDP 增长率、通货膨胀等因素影响，在微观上受企业的偿债能力、成长能力、盈利能力和营运能力等多重指标共同影响，在企业的经营指标中，驱动市净率的因素有权益报酬率（ROE）、股利支付率（留存比例）、增长率和风险，其中权益报酬率是关键因素，这四个比率类似的企业，会有类似的市净

率，不同企业市净率的差别，也是这四个比率不同引起的。

一般来说，获取企业 PB 指标有以下两种方法。

1. 经济基本参数

我们可以通过对公司关键参数进行假定得到市净率，这种方法实际上与绝对估值法在本质上是一致的，在估值时需要对公司的风险、未来增长率等指标进行一系列的假设，在假设之后，可以根据市净率的定义和一系列的公式推导得到，在一个固定增长的企业中：

$$市净率 = \frac{股东权益回报率 - 固定股利增长率}{企业加权平均资本成本 - 固定股利增长率}$$

可以看到，PB 乘数主要是由股东权益回报率与企业投资项目的必要机会成本之差决定的，当股东回报率大大高于投资资本的机会成本时，企业的价格就会高于企业的账面价值；反之也成立。PB 乘数所隐含的关系可以使人们在很短的时间内对企业的盈利能力与资本的账面价值做出粗略估计，从而成为判断企业资产的依据，该公式最大的优点是能够全面衡量企业在不支付股利情况下的价值。

2. 参考相似企业

在考虑企业 PB 估值法时，往往需要在市场中寻找利用可比公司，简单估计法即从证券市场中选择出与被评估企业相似的可比企业，得出平均市净率，并将可比企业的平均市净率乘以被评估企业的每股净资产，初步得出被评估企业的股票价值，在样本选取时需要剔除那些业绩为负或微利的企业，避免因这些个体公司的市净率太高而导致平均市净率的整体高估，同时，被评估企业每股收益的确定需要考虑上一年度和本年度的每股收益，上一年度每股收益的确定相对较为容易，需要把公司非经常性损益剔除，如营业外收支、偶然的投资收益、税收减免等。如果存在特殊的会计处理，对不符合会计政策的需进行修正和调整。对于本年度每股收益的预测，需要在结合宏观环境、行业竞争、公司基本面的研究和财务分析的基础上，进行客观的财务预测，另外，被评估企业所选取的业绩年度必须和参照企业的业绩年度一致。

（二）PB估值法的应用

通过PB估值法进行估值时，首先，应根据审核后的净资产计算出发行人的每股净资产；其次，根据二级市场的平均市净率、发行人的行业情况（同类行业公司股票的市净率）、发行人的经营状况及其净资产收益等拟订估值市净率；最后，依据估值市净率与每股净资产的乘积决定估值，需要注意的是，公司净资产为公司账面价值，并不能完全反映公允市场价值。

PB估值法在我国的应用较为广泛，尤其是对金融银行类公司的估值，国际和国内证券市场的发展事实表明，投资一个市净率高的企业，必然是对其未来的成长性和持续性有非常高的预期。一般而言，一个公司市净率高的主要原因是该公司具有超出其他企业的净资产回报率。从产业竞争分析角度出发，一个企业要获取超额利润必然要具有其他企业所不具有的竞争优势或形成垄断，但是市场竞争的事实是任何一种优势和垄断都不可能永远保持，迟早会受到竞争者的威胁，因此市净率长期将趋于合理水平，如果一个企业的市净率超过了5倍，则投资上需要异常谨慎。同时，PB估值法忽略了对企业盈利能力的考察，偏重于评估具有固定资产或无形资产较多的行业（或公司），但像食品饮料、纺织服装等这样的行业，其价值往往更多地体现在其品牌、人力等无形资产方面，这些因素都无法在资产负债表中体现，而是体现在公司的盈利能力上，此时PB值的实际意义和参考价值将下降。因此，参考企业市净率时既要考虑行业平均水平，还要考虑企业的绝对市净率，对较高的市净率企业需向下适当修正市净率。

总结来说，PB估值法适用于以下情况：周期性较强的行业（拥有大量固定资产并且账面价值相对较为稳定），银行、保险和其他流动资产比例高的公司，ST、PT业绩差及重组型公司，基于资产价值分析未来收益的公司（如房地产公司）等，但对于账面价值的重置成本变动较快、公司固定资产较少、商誉或知识产权较多的服务行业企业则不适用。

PB 乘数也出现了一些变形的方法，其中影响较大的是托宾 Q 值，即企业资产的市场价值除以资产的重置成本。托宾 Q 值将企业的市场价值和资产的重置成本联系起来，当通货膨胀导致资产价格上升或技术进步导致资产价格下降时，托宾 Q 值能够提供资产价值是否被低估的更好判断标准。虽然该方法有其优点，但是在实际的应用中也存在着以下问题：首先，因为有些资产具有很强的企业独特性，我们很难估计它们的重置成本；其次，即使可以得到资产的重置成本，与传统的 PB 比率相比，我们也许需要更多的信息来计算这个 Q 值，虽然如此，托宾 Q 值仍然在企业价值评估领域占有一席之地。

三、PB 估值法的优点及局限分析

（一）优点

首先，PB 估值法具有相对广泛的适用性，在 PB 乘数中分母为每股净资产，净利为负值的企业不能用市盈率进行估价，而市净率极少为负值，可用于大多数企业。其次，净资产账面价值的数据容易取得，相较于市盈率指标具有相当的稳定性，为企业估值提供了一个价值相对稳定和直观的量度，投资者可以将其作为与市场价格比较的依据，对于不使用未来现金流量折现方法计算价值的投资者而言，账面价值提供了一个非常简单的比较标准，净资产账面价值比净利润稳定，也不像净利润那样经常被人为操纵，在会计标准合理并且各企业会计政策一致的前提下，市净率的变化可以反映企业价值的变化，可以说 PB 估值法提供了一种合理的跨企业比较标准，投资者可以通过比较同行业中不同公司的估值方法来发现价值被低估或高估的企业。PB 估值法是最常见的估值方法之一，与 PE 估值法相比，它的优势在于：对于亏损的企业，PE 估值法显然会失效，这时 PB 估值法却依然有效，特别是对于某些经营不善连续亏损的公司，PB 估值法提供了公司进行破产清算时投资者能否收回投资的依据。

（二）局限

第一，净资产和盈利一样会受到折旧方法和其他会计政策的影响。当企业之间采用不同的会计政策时，将难以使用比率对不同的企业进行比较，同样，当不同国家采用的会计制度或准则存在重大差异时，利用PB估值法进行跨国间的企业价值评估也将失去意义。同时，净资产对于某些固定资产很少的服务行业、服务型企业和高科技企业来说意义不大，甚至少数企业的净资产是负值，此时市净率没有意义，因此这种方法主要适用于拥有大量资产、净资产为正值的企业。

第二，账面价值反映资产和负债的报告值。一些资产和负债，如某些金融工具，可能在资产负债表日以公允价值计量，其他资产（例如固定资产）一般按扣除累计折旧、摊销、折耗和减值后的历史成本报告，对以净历史成本衡量资产来说，通货膨胀和技术变化最终可能导致资产账面价值与市场价值之间的显著差异。因此，每股账面价值往往不能准确反映股东投资价值，比较不同公司时，资产平均年龄的显著差异可能会降低市净率的可比性。另外，企业的净资产反映的是初始成本，如果企业在获得一项资产后盈利能力显著增加或降低，那么其账面价值就会与市场价值产生显著差异。

第三，PB估值法是一种相对估值法，即选定一批具有可比性的公司，通过与它们比较来确定待估公司的价值。由于不存在两个完全相同的公司，相对估值法的逻辑基础一直受到质疑，PB估值法的可信度也就受到怀疑。在PB估值法的使用中，评估者往往用可比公司的算术或加权平均市净率与待估公司的预期每股收益相乘来计算公司的价值。这其中隐含着一个假设，即待估公司符合标的企业的平均市净率，显然这种假设是不一定正确的，如果对一个在行业中处于领先地位的公司按照那些其追随者的平均市净率定价，会大大低估它的真实价值。反之，一个质地较差的公司如果按照比它好的公司的平均市净率来定价，则会高估它的真实价值。

第三节 市销率(PS)估值法

PS估值法是一种较为简洁的考察公司营运规模的方法,在PS估值法中,相对估值乘数中的分母使用的是公司的主营业务收入,主要是用来对销售收入已上规模但盈利却不明显的企业进行估值。

一、PS估值法简介

市销率即股价与营业收入相比,简称PS(Price/Sales Ration, P/S或PSR),其计算公式为:

$$市销率 = \frac{每股市价}{每股销售额}$$

与PE、PB估值法不同,PS估值法的产生背景是:对于很多创业型企业,当公司处于急速扩张期时,公司更多的是在市场营销、渠道建设、物流系统方面投入大量资金为后期盈利做准备,往往销售额急速扩张而盈利较少,其中的代表是互联网公司。由于创业门槛较低,大部分企业的战略是以盈利为代价换取市场份额,先在市场发育期的恶劣竞争中存活下来,再图盈利。PS估值法背后的逻辑是:如果一个企业能保持稳定的营业收入并长期存活,那么它也一定能在长期获得相应的利润率,因此销售收入在一定程度上反映了公司的长期竞争力,在这种前提下,我们能使用销售收入来代替净利润,从而进行企业价值评估。

净利润和净资产受到折旧方法和其他会计政策的影响较大,导致人为调控指标的可能性很大，使得 PE 和 PB 估值法的结果准确性降低，而且这些指标为负值时将失去意义，相比之下，企业销售收入一般不可能为负值，而且人为控制的可能性也相对较小，因而 PS 估值法具备显而易见的优点，但缺点是销售收入和将来的利率没有必然联系，无法反映公司今后能给股东创造多少利润。

二、PS 估值法的适用性分析

Martin（1998）认为市销率适合估计成熟的、周期性和零利润的企业，在我国主要适用于已有销售收入但还未盈利的公司，如前期的网络公司等处于产业生命周期成长初期的公司。但 PS 估值法也有其缺陷，最大的问题就是无法反映企业的成本控制能力，也就无法准确反映企业的盈利能力，因为销售规模扩大可能伴随着成本增加和费用增加，反而导致利润率下降或者利润水平下降，而且 PS 值会随着公司营收规模扩大而下降，在与同类公司比较或自身纵向比较时有失偏颇，因此，通常 PS 估值法可以作为辅助方法对企业经营情况进行判断，不适合作为单一估值法进行估值判断。

PS 估值法可用于衡量一家利润率暂时低于行业平均水平甚至处于亏损状态公司的价值，其前提条件是投资者预期这家公司的利润率未来会达到行业平均水平，使用销售收入的用意是销售收入代表市场份额和公司规模，如果公司能够有效改善运营，将可实现行业平均或预期的盈利水平。该指标只能用于同行业内公司的比较，通过比较并结合业绩改善预期得出一个合理的倍数后，乘以每股销售收入，即可得出符合公司价值的目标价。

三、PS 估值法的优点及局限分析

（一）优点

对于企业而言，一般来说，销售额通常比每股收益更稳定（每股收益反映了经营杠杆和财务杠杆），所以市销率通常比市盈率更稳定。当每股收益异常高或者低时，市销率可能比市盈率更有意义，并且营业收入不受公司折旧、存货、非经常性收支的影响，不像利润那样易操控；收入不会出现负值，不会出现没有意义的情况，即使净利润为负也可用，所以 PS 估值法可以和 PE 估值法、PB 估值法共同使用，形成良好的补充。如果销售收入稳定并且成本管控也比较稳健，稳定的收入必定对应稳定的利润，但是我们必须注意到，如果这个行业或公司在成本管控方面出现问题，就会使 PS 估值法的准确性大大降低；此外，某些行业的成本波动较大致使利润率波动较大，也不适用 PS 法对其进行估值。

相较于 PE 估值法，首先，一般来讲，存在的企业都会有营业收入，不会出现负营业收入的现象，因此 PS 估值法理论上对于任何企业都适用；其次，PS 比率并不像 PE 比率那样易变，因此用 PS 估值法进行价值评估更为可靠，例如，对于一家周期性公司，其 PE 值变化要比 PS 值变化频繁得多，这是因为利润比销售收入对经济状况的变化更为敏感，收入乘数对价格政策和企业战略变化敏感，可以反映这种变化的后果；最后，存在的企业的利润受会计政策等影响有较大不同，一般来说，营业收入实际上比利润要高很多，相对较成熟的行业（或公司）PS 值的波动性比 PE 值要小得多，而非周期性行业受宏观周期波动影响较小，PS 估值法是一个很好的估值方法。

（二）局限

PS 估值法无法反映公司的成本控制能力，而成本是影响企业现金流量和价值的重要因素之一，因此，这种方法主要适用于销售成本率较低的服务类企业，或者销售成本率趋同的传统行业的企业。用销售收入来代替账面值或利润的好处之一是它具有稳定性，然而这种稳定性在公司的成本控制出现问题时会失去价值评估的准确性。另外，市销率会随着公司销售收入规模的扩大而下降；营业收入规模较大的公司，PS 较低,可用 PS 估值法看企业潜在的价值,看它未来的盈利能不能大幅增长,PS 低了就存在上升的可能,PS 最低的股票是长线大牛股。

在企业利润和账面价值显著下降的情况下,销售收入可能不会大幅下降,此时若用 PS 估值法对一个存在亏损或资不抵债的处境艰难的公司进行价值评估,可能因为无法识别各公司成本毛利率方面的差别而得出极其错误的评价结果,因为即使成本上升、利润下降、不影响销售收入,市销率依然不变。

表 6-1 为各乘数估值法适用性分析。

表 6-1 各乘数估值法适用性分析

乘数估值法	适用行业	不适用行业
PE 估值法	盈利相对稳定、周期性较弱的企业,如公共服务业	周期性较强的企业,如一般制造业、服务业等每股收益为负的公司; 房地产等项目性较强的公司、银行等; 难以寻找可比性很强的公司; 中国上市公司多元化经营比较普遍、产业转型频繁的公司
PB 估值法	周期性较强行业(拥有大量固定资产并且账面价值相对较为稳定),如银行、保险和其他流动资产比例高的公司; ST、PT 业绩差及重组型公司	账面价值的重置成本变动较快的公司; 固定资产较少的、商誉或智慧财产权较多的服务行业
PS 估值法	适用于已有销售收入但还未盈利的公司,如前期的网络公司等处于产业生命周期成长初期的公司、销售成本率较低的服务类企业、销售成本率趋同的传统行业的企业或波动性小的周期性行业	PS 会随着公司营收规模扩大而下降,因此不适用于营收规模较大的公司

复习思考题

1. PE 估值法是否有隐含的假设前提?对于一家净利润为正的企业,在采用 PE 指标对其进行估值前需要注意什么?

2. 市盈率一般可以分为静态市盈率、动态市盈率和年化市盈率，在实际研究一家企业的估值时，具体应该用哪一种市盈率？背后的原因是什么？

3. PB 估值法为何适用于重资产企业（即拥有大量资产，净资产为正值的企业）？

4. 既然 PE 估值法和 PB 估值法已经有较为广泛和成熟的应用，其综合性也强于 PS 指标，为什么部分企业需要运用 PS 估值法进行估值？

第七章

其他相对估值法

相对估值法，主要采用乘数方法，其特点是较为简便，如PE估值法、PB估值法、EV/EBITDA倍数估值法、PEG估值法、PS估值法、EV/销售收入估值法、RNAV估值法。除了第六章提到的PE估值法、PB估值法和PS估值法以外，常见的还有PEG估值法、EV/EBITDA倍数估值法、RNAV估值法以及EV/sales估值法。每一种估值方法都有其适用的领域和条件，也存在一些不足。实践中需要根据估值目的，对目标公司进行足够的分析，了解公司所处行业、地位及其自身特点，选择若干种合适的估值方法，结合起来使用，获得多个估值数据，然后经过反复比较、调整，建立合理的公司估值区间。

第一节　PEG 估值法

PEG 估值法是在 PE 估值法的基础上发展起来的。市盈率 PE 仅反映了某股票的当前估值，而 PEG 则把股票当前的价值和该股未来的成长性联系了起来，弥补了市盈率对企业动态成长性估计的不足。PEG 估值法可以将市盈率和盈利增长率综合在一起考量。

一、PEG 指标概述及起源

PEG（市盈率相对盈利增长比率）指标是指用公司的市盈率（PE）除以公司的盈利增长速度，最先由英国投资大师史莱特提出。史莱特当时在选股的时候就选那些市盈率较低但增长速度比较快的公司，而这些公司有一个典型特点就是 PEG 会非常低。史莱特被称为 PEG 选股法的创始者，同时在投资大师排行榜中名列第 18 位。PEG 指标最先在英国证券市场上使用，但是英国证券市场的影响力较小，所以该指标提出后，并未在世界上引起较大的反响，后来由美国投资大师彼得·林奇发扬光大。

二、计算公式和指标意义

（一）公式

$$PEG = PE/企业年盈利增长率$$

（二）指标意义

（1）国际上普遍认为，PEG＜0.5，被认为价值相对低估；PEG 在 0.5~1，相对合理。

（2）PEG 在 1~2，是价值相对高估；PEG＞2 时，是高风险区。

（3）中国一般认为，当 PEG＝1 时，估值合理，数值越低则意味着股价越被低估。

（4）当 PEG＜1 时，也就是股价增长慢于利润增长的时候，这个股票被认为低估了。

（5）当 PEG＞1 时，一般认为这个股票被高估了。

三、公式简析

$PEG=PE/G$，其中 G 为 Growth，净利润的增长率。鉴于中国上市公司的投资收益、营业外收益的不稳定性，以及一些 A 股上市公司利用投资收益操纵净利润指标的现实情况，出于稳健性的考虑，净利润的成长率可以税前利润的成长率/营业利益的成长率/营收的成长率替代。

四、PEG 估值法的适用性

（1）PEG 法适用于 IT 等成长性较高的企业；

（2）PEG 法不适用于成熟行业为过度投机市场评价提供合理借口，以及亏损或盈余正在衰退的行业。

五、使用 PEG 估值法的注意事项

（1）粗略而言，PEG 值越低，股价遭低估的可能性越大，这一点与市盈率相类似。须注意的是，PEG 值的分子与分母均涉及对未来盈利增长的预测，出错的可能性较大。

（2）PEG 需要对未来至少 3 年的业绩增长情况做出判断，而不能只用未来 12 个月的盈利预测，因此大大提高了准确判断的难度。事实

上，只有当投资者有把握对未来 3 年以上的业绩表现做出比较准确的预测时，PEG 估值法的使用效果才会体现出来，否则反而会起误导作用。

（3）此外，投资者不能仅看公司自身的 PEG 来确认它是被高估还是被低估，如果某公司股票的 PEG 为 1.2，而其他成长性类似的同行业公司股票的 PEG 都在 1.5 以上，则该公司的 PEG 虽然已经高于 1，但公司价值仍可能被低估。

（4）PEG 估值法是在 PE 估值法的基础上发展起来的，是将市盈率与企业成长率结合起来的一个指标，它弥补了 PE 估值法对企业动态成长性估计的不足。鉴于很多公司的投资收益、营业外收益存在不稳定性，以及一些公司利用投资收益操纵净利润指标的现实情况，出于稳健性的考虑，净利润的增长率可以税前利润的成长率/营业利润的成长率/营收的成长率/每股收益年增长率替代。

（5）PEG 估值的重点在于计算股票现价的安全性和预测公司未来盈利的确定性。如果 PEG 指标大于 1，则这只股票的价值就可能被高估，或市场认为这家公司的业绩成长性会高于市场的预期，如果 PEG 指标小于 1（越小越好），说明此股票股价被低估。通常上市后的成长型股票的 PEG 指标都会高于 1（即市盈率等于净利润增长率），甚至在 2 以上，投资者愿意给予其高估值，表明这家公司未来很有可能会保持业绩的快速增长，这样的股票就容易有超出想象的市盈率估值。

（6）当 PEG 小于 1 时，要么是市场低估了这只股票的价值，要么是市场认为其业绩成长性可能比预期的要差。通常价值型股票的 PEG 都会低于 1，以反映低业绩增长的预期。投资者需要注意的是，像其他指标一样，PEG 也不能单独使用，必须要和其他指标结合起来，这里最关键的还是对公司有深入的了解。

（7）当然，也不能机械地单以 PEG 指标论估值，还必须结合国际市场、宏观经济、国家的产业政策、行业景气度、资本市场阶段热点、股市的不同区域、上市公司盈利增长的持续性以及上市公司的其他内部情况等多种因素来综合评价。

六、PEG估值法的实际应用以及实际应用中存在的问题

（1）依据PEG指标选股，就是选那些市盈率较低但增长速度又相对较快的公司。

例如，一只股票当前的市盈率为20倍，其未来5年的预期每股收益复合增长率为20%，那么这只股票的PEG就等于1。当PEG等于1时，表明市场赋予这只股票的估值可以充分反映其未来业绩的成长性。如果PEG大于1，则意味着PE过高，这只股票的价值就可能被高估。当然，也有人理解为，市场认为这家公司的业绩成长性会高于市场的预期。

例如，公司A明明是一家基本面很好的公司，但估值水平却很低；相反，公司B业绩平平，资本市场却给了它很高的估值，而且其股价还在继续上涨。背后的原因就是这两家公司的业绩成长性不同。A虽然是绩优公司，但可能失去了成长性或者成长缓慢，用PEG来衡量股价可能已经不低了，投资者不愿意再给予更高的估值；公司B虽然盈利水平一般，但是业绩具有很高的成长性，只要公司不断实现其预期的业绩增长，其估值水平就能保持甚至还能提升。

（2）PEG估值法在实践中经常效果不好，大多不是因为方法本身存在问题，而是操作者陷入了一些陷阱。

例如，作为相对估值法，市盈率的合理性就来源于一家企业的估值与它的历史估值、行业平均估值、全市场估值的比较结果。其中，与它的历史估值进行比较是最常用的方法，涉及的盈利来源叫作均值回归。但事实上，很多企业回不到当年的高估值了。

最常见的情况是，盈利的成长性变了，或者盈利的确定性变了。比如在2018年之前，大家认为新能源汽车使用的钴锂所在行业是成长型行业，但在2018年年中之后，大家认为它是周期型行业，估值直接跌

了一半。相应地，钴锂企业的估值，未来将长期维持在 10 倍左右的水平，再也回不到 30 倍以上了，如果大家随意套用市盈率估值法，认为估值相比过去被低估，就会犯大错。

七、PEG 估值法相对于 PE 估值法的明显优势

市盈率 PE 仅反映了某股票当前估值，而 PEG 则把股票当前的价值和该股未来的成长性联系了起来，弥补了市盈率对企业动态成长性估计的不足。PEG 估值法可以将市盈率和盈利增长率综合在一起考量。

八、PEG 估值法的局限性

（1）PEG 是一种相对估值方法，又是从 PE 估值法发展而来。这意味着相对估值法和 PE 估值法的很多缺陷，PEG 估值法一样难以克服，如盈利指标的真实性、同比公司的寻找。

（2）PEG 需要估计未来盈利的增长率。这又遇到了与绝对估值法一样的难题，准确估计未来增长率是一个很困难的任务。

（3）PEG 估值法更适合于评估那些未来增长可期的成长性行业，对于处于成熟期或衰退期的企业，PEG 估值法则很难适用。

九、PEG 估值法的核心步骤

（1）计算 PEG 为 1 时，企业的合理估值；

（2）按照行业空间和竞争格局，评估企业利润增长的确定性，从而对估值进行一定的折溢价。

第二节 EV/EBITDA 倍数估值法

EV/EBITDA 又称企业价值倍数,是一种被广泛使用的公司估值指标。EV/EBITDA 不仅是股票估值,而且是"企业价值"估值,与资本结构无关,接近于现实中私有企业的交易估值。EV/EBITDA 和市盈率(PE)等相对估值法指标的用法一样,其倍数相对于行业平均水平或历史水平较高通常说明高估,较低说明低估,不同行业或板块有不同的估值(倍数)水平。

一、企业价值 EV

(一)企业价值 EV 概述

企业价值(Enterprise Value,EV)是一种衡量公司业务价值的估值指标。EV 估值指标最早用作企业收购兼并的定价标准,现在已经广泛用于对公司价值的评估和股票定价。这里的公司价值不是资产价值,而是指业务价值,即如果要购买一家持续经营的公司需要支付多少价钱,这笔钱不仅包括对公司盈利能力的估值,还包括需承担的公司负债。企业价值被认为是更加市场化及准确的公司价值标准。EV 衍生的估值指标如 EV/销售额、EV/EBITDA 等被广泛用于定价。

(二)企业价值 EV 计算公式

Enterprise Value(企业价值)= Market Capitalization(市值)+

Debt（负债）– Cash（现金）

为什么公式中企业价值还要减去现金且加上负债呢？

举个简单的例子，A公司在外流通的股票价值为1000万元，另有现金500万元。如果你要买下这家公司，除了拥有它全部的股票外，自然也包括拥有它的现金。那么算一下，1000万元买入股票（－），500万元入账现金（＋），实际上你拥有这家公司，只付出了500万元。

二、EBITDA简介

（一）EBITDA的内涵和起源

EBITDA是Earnings Before Interest，Taxes，Depreciation and Amortization的缩写，即未计利息、税项、折旧及摊销前的利润。EBITDA最早是在20世纪80年代中期使用杠杆收购的投资机构在对那些需要再融资的账面亏损企业进行评估时开始被大量使用。他们通过计算EBITDA来快速检查公司是否有能力来偿还这笔融资的利息。进行杠杆收购的投资银行家们推广了EBITDA的使用，他们通过EBITDA来检测某家公司是否有能力偿还短期（1~2年）贷款。至少，从理论上讲，EBITDA利息覆盖率（EBITDA除以财务费用）可以让投资者知道这家公司在再融资之后究竟是否有足够利润支付利息费用。

例如，若某家公司的EBITDA为5000万元，它的利息费用为2500万元，则EBITDA利息覆盖率为2，那么银行可能就会认为这家公司有足够的利润支付利息费用。

（二）EBITDA发展现状

目前，国内银行中，工行、农发行等多家银行所通行的EBITDA的指标含义是指净利润和所得税、固定资产折旧、无形资产摊销、长期待摊费用摊销、偿付利息所支付的现金之和。它是银行对客户信用等级评定的一个基本指标。

EBITDA的支持者认为，EBITDA剔除了容易混淆公司实际表现的那些经营费用，因此能够清楚地反映出公司真实的经营状况。

例如，利息会受公司管理层融资决策的影响而变动，所以它在EBITDA中被排除在外。税收也被排除在外，因为它在很大程度上取决于公司之前几年的损益情况，而这种变化会歪曲当前的净利润。最后，EBITDA还去除了带有个人专断色彩的折旧费用和摊销费用，如使用年限、残值和各种折旧方法，它们的设定都会带有个人色彩。

通过去除这些项目，EBITDA使投资者能更为容易地比较各公司的财务健康状况，拥有不同资本结构、税率和折旧政策的公司可以在EBITDA的统一口径下对比盈利能力。同时，EBITDA还能告诉投资者某家新公司或者重组过的公司在支付利息、税单之前究竟可以获利多少。另外，EBITDA受欢迎的最大原因之一是EBITDA比营业利润显示更多的利润，它已经成为资本密集型行业、高财务杠杆公司计算利润时的一种选择。当然有时也会导致估值泡沫。

（三）EBITDA的计算方法

EBITDA＝净利润＋所得税＋固定资产折旧＋无形资产摊销＋长期待摊费用摊销＋偿付利息所支付的现金

净利润、所得税、固定资产折旧会出现在财务报表上，营业利润、所得税和利息支出这三项会在损益表和财务附注中出现，折旧和摊销两项通常可以在财务报表附注或者现金流量表中找到。

计算EBITDA的捷径是先找到营业利润，但与境外公司披露的营业利润（通常也称作EBIT－息税前利润）不同，国内公司的营业利润是减掉财务费用后的，所以要先把财务费用加回后，再把折旧和摊销两项费用加回去，就可以得出EBITDA了。

如果现金流量表中没有填列或体现无形资产摊销、长期待摊费用摊销、偿付利息所支付的现金，我们就可以通过以下方法计算：

（1）无形资产摊销≈无形资产期初余额－无形资产期末余额＋本期新增加无形资产的原值－本期卖出无形资产的净值。

（2）长期待摊费用摊销 ≈ 长期待摊费用期初余额 + 本期新增加的长期待摊费用项目的初始金额 − 长期待摊费用期末余额。

（3）偿付利息所支付的现金 ≈ 财务费用；或用现金流量表中的"分配股利、利润或偿付利息所支付的现金"减去其中支付的股利或利润部分后的净额来代替。

（四）反对 EBITDA 的声音（芒格）

1. 没有什么可以取代现金流量表

一些分析员怂恿投资者们将 EBITDA 作为衡量现金流的工具。这个建议是不合理的，并且对投资者而言具有冒险性。对于投资新手来说，税收和利息的确是属于现金项目的，它们并非可有可无。没有一家公司是可以不用支付政府税收或贷款利息却还可以长期经营的。

2. 忽略了运营资本

与全面的现金流统计不同，EBITDA 忽略了运营资本（日常运营所需资金）的变化。这对于快速成长型公司来说是一个最大的问题，因为快速成长型公司销售量的增长会带来应收账款和库存的增加。这部分运营资金消耗了大量的现金，但却被 EBITDA 忽略了。

3. 忽略了资本性支出

资本性支出是几乎每个公司都必需且持续的一项开支，但也被 EBITDA 忽略了。比如一家整车厂在 2006 年的 EBITDA 为 1.43 亿元，同比上涨 30%，但这是因为 EBITDA 忽略了公司极高的资本性支出。看一下公司披露的公告文件就可以知道，公司在 2006 年第四季度时就花费了 4.69 亿元新建厂房购置设备。为了今后的更好发展，公司每年还必须为这些固定设备支付维修升级和扩容费用。这笔费用数额十分巨大，却没有被计入 EBITDA 中。

4. 显示了不真实的利息偿付率

EBITDA 可以很容易让公司看上去有足够的能力支付利息。假设一个公司营业利润层面亏损 500 万元,有 1500 万元的利息支出,再加上 800 万美元的折旧摊销费用,公司的 EBITDA 值为 1800 万元,看上去有足够的现金支付利息费用。

折旧和摊销费用被加回到利润里,因为 EBITDA 假设这项支出是可以被避免的,但事实上这种假设是有缺陷的。即便折旧和摊销费用不是现金流项目,但设备最终会磨损毁坏,公司仍需要增加资金重新购置或对设备进行升级。

5. 忽略了业绩质量

EBITDA 也是一个账面利润指标,这就使得它具有与营业利润和净利润这些账面利润指标一样的缺陷。由于计算 EBITDA 的基础是营业利润,如果公司使用一些会计手段调控业绩,如对销售收入确认、坏账拨备、资产减值政策进行主观修改,也同样会导致 EBITDA 不能正确反映公司的盈利状况。这时就需要投资者和分析员进一步确定公司在会计政策上是否和行业内大多数公司相一致,只有这样才可以确保同行业内公司 EBITDA 的比较有意义。

6. 使公司股票价值看上去比实际低

最糟糕的是,用 EBITDA 对公司估值会让投资者误认为公司股票看上去并不贵,而做出错误的买入决定。当投资者或分析员用股价除以每股 EBITDA,而非每股收益时,由于 EBITDA 通常要远远高于净利润,计算出来的估值倍数看上去比市盈率低很多,会让估值新手误认为股票很便宜。

三、EV/EBITDA 估值法概述

(一) EV/EBITDA 估值法简介

EV/EBITDA 又称企业价值倍数,是一种被广泛使用的公司估值指标。EV/EBITDA 不仅是股票估值,而且是"企业价值"估值,与资本

结构无关，接近于现实中私有企业的交易估值。

（二）EV/EBITDA 估值法的起源和发展

20 世纪 80 年代，伴随着杠杆收购的浪潮，EBITDA 开始被资本市场上的投资者们广泛使用。但当时投资者更多地将它视为评价一个公司偿债力的指标。随着时间的推移，EBITDA 开始被实业界广泛接受，因为它非常适合用来评价一些前期资本支出巨大，而且需要在很长一段时期内对前期投入进行摊销的行业，比如核电行业、酒店业、物业出租业等。如今，越来越多的上市公司、分析师和市场评论家推荐投资者使用 EBITDA 进行分析。

最初私人资本公司运用 EBITDA，而不考虑利息、税项、折旧及摊销，是因为他们要用自己认为更精确的数字来代替它们。他们移除利息和税项，是因为他们要用自己的税率计算方法以及新的资本结构下的财务成本算法，而剔除摊销和折旧，则是因为摊销中包含的是以前会计期间取得无形资产时支付的成本，并非投资人更关注的当期的现金支出。而折旧本身是对过去资本支出的间接度量，将折旧从利润计算中剔除后，投资者能更方便地关注对于未来资本支出的估计，而非过去的沉没成本。

因此，EBITDA 常被拿来和现金流作比较，因为它和净收入（EBIT）之间的差距就是两项对现金流没有影响的开支项目，即折旧和摊销。然而，由于并没有考虑补充营运资金以及重置设备的现金需求，而且 EBITDA 中没有调整的非现金项目和备抵坏账、计提存货减值和股票期权成本，因此，并不能简单地将 EBITDA 与现金流对等，否则，很容易将企业导入歧途。

EV/EBITDA 最早是用作收购兼并的定价标准，现在已广泛应用于对公司价值的评估和股票定价。这里的公司价值不是资产价值，而是指业务价值，即要购买一家持续经营的公司需要支付多少价钱，这笔钱不仅包括对公司盈利的估值，还包括需承担的公司负债。企业价值被认为是更加市场化及准确的公司价值标准,其衍生的估值指标如 EV/销售额、EV/EBITDA 等被广泛用于股票定价。

(三) EV/EBITDA 估值法和 PE 估值法的联系

EV/EBITDA 和市盈率 (PE) 等相对估值法指标的用法一样,其倍数相对于行业平均水平或历史水平较高通常说明高估,较低说明低估,不同行业或板块有不同的估值(倍数)水平。

EV/EBITDA 倍数和 PE 同属于可比法,在使用的方法和原则上大同小异,只是选取的指标口径有所不同。从指标的计算上来看,EV/EBITDA 倍数使用企业价值 (EV),即投入企业的所有资本的市场价值代替 PE 中的股价,使用息税折旧前盈利 (EBITDA) 代替 PE 中的每股净利润。

企业所有投资人的资本投入既包括股东权益也包括债权人的投入,而 EBITDA 则反映了上述所有投资人所获得的税前收益水平。相对于 PE 是股票市值和预测净利润的比值,EV/EBITDA 则反映了投资资本的市场价值和未来一年企业收益间的比例关系。因此,总体来讲,PE 和 EV/EBITDA 反映的都是市场价值和收益指标间的比例关系,只不过 PE 是从股东的角度出发,而 EV/EBITDA 则是从全体投资人的角度出发。

(四) EV/EBITDA 较 PE 具有的明显优势

首先,由于不受所得税率不同的影响,EV/EBITDA 使得不同国家和市场的上市公司估值更具可比性。

其次,不受资本结构不同的影响,公司资本结构的改变不会影响估值,同样有利于比较不同公司的估值水平。

再次,排除了折旧摊销这些非现金成本的影响(现金比账面利润重要),可以更准确地反映公司价值。

又次,以收益为基础的可比法的一个使用前提是收益必须为正。如果一个企业的预测净利润为负值,则 PE 就失效了。相比较而言,由于

EBITDA 指标中扣除的费用项目较少，其相对于净利润而言成为负数的可能性也更小，因而具有比 PE 更广泛的使用范围。

最后，EBITDA 指标中不包括投资收益、营业外收支等其他收益项目，仅代表了企业主营业务的运营绩效，这也使企业间的比较更加纯粹，真正体现了企业主业运营的经营效果以及由此而应该具有的价值。当然，这也要求单独评估长期投资的价值，并在最终的计算结果中加回到股东价值之中。

（五）EV／EBITDA 估值法的适用性分析

（1）适用于资本密集、准垄断或者具有巨额商誉的收购型公司（大量折旧摊销压低了账面利润）。

（2）适用于净利润亏损，但毛利、营业利益并不亏损的公司。

（3）EV/EBITDA 更适用于单一业务或子公司较少的公司估值，如果业务或合并子公司数量众多，需要作复杂调整，有可能会降低其准确性。然而在某些具体行业中，行业特性和会计处理规定可能会导致上述关系一定程度的扭曲，这时需要使用者对 EBITDA 指标进行一定的调整，恢复其衡量企业主营业务税前绩效的合理性。

以航空公司为例，公司运营的飞机有的是自筹资金购买的，这在财务报表上显示为固定资产，需要每年计提折旧。综上所述，这类费用并不在 EBITDA 指标中扣除。但航空公司中还有相当一部分飞机是租来的，每年付给飞机租赁公司一定的费用，而这部分费用在财务报表中显示为经营费用，在 EBITDA 指标中已经进行了扣除。显然，如果单纯比较航空公司 EBITDA 水平就会有失公允。所以，此时应该将航空公司 EBITDA 指标中已经扣除的租赁费用加回，变形为 EBITDAR 指标，从而实现公司之间的可比性，相应的估值方法也变形为 EV／EBITDAR 倍数法。

在石油行业中，勘探活动可以被界定为高风险投资活动。要衡量石油公司的运营绩效，需要将勘探费用加回以进行比较，此时相应的估值方法演化为 EV/EBITDAX。

　　EV／EBITDA 估值法不适用于固定资产更新变化较快公司，净利润、毛利、营业利润均亏损的公司，有高负债或大量现金的公司。

第三节　RNAV 估值法

RNAV 估值法的优势在于它为企业价值设定了一个估值底线，对中国很多"地产项目公司"尤为适用。而且 RNAV 估值考虑了预期价格的变化、开发速度和投资人回报率等因素，相对于简单的市盈率更加精确。RNAV 估值也有明显的缺点，其度量的是企业当前有形资产的价值，而不考虑品牌、管理能力和经营模式的差异。

一、RNAV 估值法简介

RNAV 是 Revaluated Net Assets Value 的简写，释义为重估净资产，RNAV 估值法适用于房地产企业或有大量自有物业的公司。其意义为公司现有物业按市场价出售应值多少钱，如果买下公司所花的钱少于公司按市场价出卖自有物业收到的钱，那么表明该公司股票在二级市场上被低估。

二、RNAV 计算公式

$RNAV$ =（物业面积 × 市场均价 − 净负债）/ 总股本

式中：净负债 = 总负债 − 公司现有货币资金。

三、RNAV 估值法注意事项

物业面积、均价和净负债都是影响 RNAV 值的重要参数。利用

RNAV 估值，要细分公司的物业，分别估算其市场价值，如便利店、大卖场、地产等。公司部分物业的建筑面积可能没有公开数据，需要实地调研，对公司各块资产分别进行市场化的价值分析，从资产价值角度重新解读公司内在的长期投资价值。如股价相对其 RNAV 存在较大幅度的折价现象，显示其股价相对公司真实价值被明显低估，那么较高的资产负债率（过多的长短期借款负债）和较大的股本都将降低 RNAV 值。

四、RNAV 估值法的优缺点

（一）RNAV 估值法的优点

RNAV 估值法的优势在于它为企业价值设定了一个估值底线，对中国很多地产项目公司尤为适用。而且 RNAV 估值考虑了预期价格的变化、开发速度和投资人回报率等因素，相对于简单的市盈率更加精确。

（二）RNAV 估值法的缺点

RNAV 估值法也有明显的缺点，因为其度量的是企业当前有形资产的价值，而不考虑品牌、管理能力和经营模式的差异。

第四节 EV/sales 估值法

EV/sales 是一种公司股票估值指标,该估值指标与市销率(PS)的原理和用法相同,主要用于衡量一家利润率暂时低于行业平均水平甚至是处于亏损状态公司的价值,其前提条件是投资者预期这家公司的利润率未来会达到行业平均水平。用 EV/每股销售额计算出来的市售率可以明显反映出创业板上市公司的潜在价值。

一、EV/sales 概述

使用销售收入的用意是销售收入代表市场份额和公司的规模,如果公司能够有效改善运营,将可实现行业平均或预期的盈利水平。该指标只能用于同行业内公司的比较,通过比较并结合业绩改善预期得出一个合理的倍数后,乘以每股销售收入,即可得出符合公司价值的目标价。

二、计算公式

$$EV/sales = 企业价值(EV) \div 主营业务收入$$

三、EV/sales 估值法估值原理

市售率高的股票相对价值较高,以市售率为评分依据,给予 0 到 100 之间的一个评分,市售率评分越高,相应的股票价值也越高。用每

股价格/每股销售额计算出来的市售率可以明显反映出创业板上市公司的潜在价值,因为在日益激烈的竞争环境中,公司的市场份额在决定公司生存能力和盈利水平方面的作用越来越大,市售率是评价上市公司股票价值的一个重要指标,其基本模型的逻辑为:虽然公司盈利可能很低或尚未盈利,但任何公司的销售收入都是正值,市售率指标不可能为负值。因而该指标具有可比性。

四、EV/sales 估值法的优点

(1) 用 EV/每股销售额计算出来的市售率可以明显反映出创业板上市公司的潜在价值,因为在日益激烈的竞争环境中,公司的市场份额在决定公司生存能力和盈利水平方面的作用越来越大。

(2) 指标具有真实性:销售收入不受折旧、存货和非经常性支出所采用的会计方法的影响,因而难以被人为扩大。

(3) 指标具有持续性:一些上市公司面对季节性因素的不利影响,可以通过降价来保持一定数量的销售额,销售收入的波动幅度较小。

(4) 指标具有预测性:有助于识别那些虽然面临短期运营困难,但有很强生命力和适应力的公司。一些处于成长期并且有良好发展前景的高科技公司,虽然盈利很低,甚至为负数,但销售额增长很快,用市售率指标可以准确地预测其未来发展前景。

五、相对估值法的局限性

乘数使股票的公平价值评估成为可能,并在资本市场中得以盛行,这足以说明乘数的特殊实用价值。然而,仅有孤立的乘数分析还是不够的。这是因为,乘数的比较分析尚存在以下缺陷:

(1) 简单化:由于乘数是把大量信息集中在一个乘数中进行体现,因此,很难区分不同的价值带动因素所发挥的作用大小,甚至可能导致严重的错误解释。

（2）静态化：乘数仅体现了公司在某一时点的缩影，因此，它无法捕捉公司动态的业务发展及变化的竞争状况。

（3）难以比较：乘数的意义在于它的可比性，但乘数比较的确是一件艰难的事情，原因是有太多的因素可以使乘数发生变化，而并不是所有的因素都是由于价值的不同而引起乘数上的差异。

复习思考题

1. PEG 估值法的核心操作步骤是什么？
2. 简述 EV／EBITDA 估值法的适用性分析。
3. 简述 RNAV 估值法的优缺点。
4. 简述 EV/sales 估值法的估值原理。

第八章

DDM与EVA

　　股票代表了其持有人在企业中的所有权。企业在经营过程中会产生一系列的现金流，作为企业的所有者，股东对这些未来现金流拥有股权性质的索取权。在资产估值的方法中，现值模型是比较严格和有难度的一种方法。本章我们将讨论用资产未来现金流对企业进行估值的经济原理。

第一节 股利折现模型

投资分析师使用多种模型和技术估计股票的价值,其中包括现值模型。在本节,我们将讨论股利分配模式,并介绍股利折现模型的具体形式。

一、股利及股利分配

(一) 股利的概念

股利是指企业向投资者分配的利润。股利的获得要通过企业的利润分配过程来实现。

利润分配是企业按照国家有关法律、法规以及企业章程的规定,在兼顾股东与债权人及其他利益相关者的利益关系基础上,将实现的利润在企业与企业所有者之间、企业内部的有关项目之间、企业所有者之间进行分配的活动。利润分配决策是企业在股东当前利益与企业未来发展之间权衡的结果,将引起企业的资金存量与股东权益规模及结构的变化,也将对企业内部的筹资活动和投资活动产生影响。

(二) 股利分配

1. 关于股利分配的相关规定

不同组织形式的企业,其股利分配和利润分配的要求也存在差异。

根据《中华人民共和国合伙企业法》的规定，合伙企业的利润分配、亏损分担，按照合伙协议的约定办理；合伙协议未约定或者约定不明确的，由合伙人协商决定；协商不成的，由合伙人按照实缴出资比例分配、分担；无法确定出资比例的，由合伙人平均分配分担。合伙协议不得约定将全部利润分配给部分合伙人或者由部分合伙人承担全部亏损。

根据《中华人民共和国公司法》的规定，公司利润分配项目包括以下部分：

第一，法定公积金。法定公积金从净利润中提取形成，用于弥补公司亏损、扩大公司生产经营或者转为增加公司资本。公司分配当年税后利润时应当按照10%的比例提取法定公积金，法定公积金累计额达到公司注册资本的50%时，可不再继续提取。公司的法定公积金不足以弥补以前年度亏损的，在按规定提取法定公积金之前，应当先用当年利润弥补亏损。

第二，任意公积金。公司从税后利润中提取法定公积金后，经股东会或者股东大会决议，还可以从税后利润中提取任意公积金。

第三，股利（向投资者分配的利润），即公司弥补亏损和提取公积金后所余税后利润。有限责任公司股东按照实缴的出资比例分配红利，但全体股东约定不按照出资比例分配红利的除外；股份有限公司按照股东持有的股份比例分配，但股份有限公司章程规定不按持股比例分配的除外。

因此，公司制企业利润分配的顺序为：首先，计算可供分配的利润；其次，计提法定公积金；再次，计提任意公积金；最后，向股东（投资者）支付股利（分配利润）。股东会、股东大会或者董事会违反上述利润分配顺序，在公司弥补亏损和提取法定公积金之前向股东分配利润的，股东必须将违反规定分配的利润退还公司。

2. 企业股利分配的主要模式

股利分配的核心问题是如何权衡企业股利支付决策与未来长期增长

之间的关系,以实现企业价值最大化的财务管理目标。实务中,企业的股利分配是在种种制约因素下进行的,比如,在公司制企业的利润分配中,股利分配政策应考虑法律限制因素、股东因素、公司因素以及其他限制的影响。在公司制企业中,股利分配政策通常有以下主要模式:

第一,剩余股利政策。股利分配与公司的资本结构有关,而资本结构又是由投资所需资金构成的,因此实际上股利政策要受到投资机会及其资本成本的双重影响。剩余股利政策就是在公司有着良好的投资机会时,根据一定的目标资本结构(最佳资本结构),测算出投资所需的权益资本,先从盈余当中留用,然后将剩余的盈余作为股利予以分配。奉行剩余股利政策,意味着公司只将剩余的盈余用于发放股利。这样做的根本理由是保持理想的资本结构,使加权平均资本成本最低。

第二,固定或持续增长股利政策。这一股利政策是将每年发放的股利固定在某一相对稳定的水平上并在较长时间内不变,只有当公司认为未来盈余会显著地、不可逆转地增长时,才提高年度的股利发放额。采用固定或持续增长股利政策的主要目的是避免出现由于经营不善而削减股利的情况,有利于投资者安排股利收入与支出,向市场传递公司正常发展的信息。但当公司盈余较低时仍要支付固定的股利,就可能导致资金短缺,财务状况恶化。同时,不能像剩余股利政策那样保持较低的资本成本。

第三,固定股利支付率政策。固定股利支付率政策是公司确定一个股利占盈余的比率,并长期按此比率支付股利的政策。在这一股利政策下,各年股利总额随公司经营的好坏而上下波动,获得较多盈余的年份股利总额高,获得盈余少的年份股利总额就低。这种政策能使股利与公司盈余紧密地配合,以体现多盈多分、少盈少分、无盈不分的原则,但这种政策下各年的股利变动较大,容易造成公司不稳定的感觉,对于稳定股票价格不利。

第四,低正常股利加额外股利政策。低正常股利加额外股利政策是公司一般情况下每年只支付固定的、数额较低的股利,在盈余多的年份,再根据实际情况向股东发放额外股利。但额外股利并不固定化,不意味着公司永久地提高了规定的股利率。这种股利政策使公司具有较大的灵活性,又可使那些依靠股利度日的股东每年至少可以得到虽然较低但比较稳定的股利收入,从而吸引住这部分股东。

二、股利折现模型的具体形式

股利(现金)是股权投资者获取回报的途径,DDM 假设投资者永远持有股票,且该股票有稳定的分红比例。

基本公式:

$$股权价值 = \Sigma \frac{D_t}{(1+Ke)^t}$$

若股利增长率为 0,则:

$$股权价值 = \frac{D_0}{Ke}$$

式中:D_0 为当期股利。

若股利永续增长率为 g,则:

$$股权价值 = \frac{D_1}{Ke - g}$$

式中:D_1 为下一期的股利。

威廉姆斯(Williams)在 1938 年首先提出了股利折现模型(Dividend Discounted Model,DDM),认为股票的投资价值是未来全部股利的现值。

股利折现模型有两个基本变量:期望股利和股权资本成本。期望股利取决于对企业未来收益、股利支付率和收益增长率的假设;股权资本成本,即股权投资者的期望报酬率,由股票的风险决定。

根据对未来股利期限的不同假设,可演化出不同的股利折现模型。

(一) 零增长模型

零增长模型也称为固定股利模型,该模型假设企业的收益期无限且企业收益期中各年的股利固定不变。普通股的股利一般情况下不是永续不变的,因此,该模型常用于对优先股或处于成熟阶段的企业价值评估。

(二) 固定增长模型

1956 年,戈登和夏皮罗(Gordon and Shapiro)在威廉姆斯股利折现模型的基础上,通过一系列假设对基本公式进行了扩展,提出了固定增长模型,也称戈登模型。

固定增长模型适用于收益期无限且稳定成长的企业价值评估,它要求股利增长率保持永久不变。在使用固定增长模型时,应注意两个问题:一是股利增长率要和企业的利润指标增长率相一致。要保证股利在一个足够长的时期内固定增长,企业其他主要绩效指标如盈利指标也应按相同的比率增长。如果一个企业真正处于稳定状态的话,则可以用盈利增长率来代替股利增长率。二是要注意任何企业都很难维持一个高于经济平均增长水平的增长率的规律。事实上,从长期来看,企业的增长率也不可能超过所在行业的平均增长速度。在确定增长率的同时,应全面而深入地分析整个经济环境和相关行业的未来发展状况。

(三) 两阶段增长模型

1963 年,麦基尔(Malkiel)在提出的两阶段增长模型中将增长率分成两个阶段:非常增长阶段(预测期)和稳定增长阶段(永续期)。

两阶段增长模型是对固定增长模型的一个改进,许多企业在进入稳定增长阶段之前会有一个高速增长阶段,其增长速度甚至可能大于股权资本成本。两阶段增长模型适用于将在相当一个时期内保持高速增长,然后进入稳定增长阶段且稳定增长阶段的收益期无限的企业。例如,在今后一段时期拥有高利润产品的专利权的企业将在专利保护期间保持一个高速增长率；或者，由于产业具有进入壁垒（行政、技术、资本方面的壁垒），该产业内的企业将保持一个较高的增长率。

（四）三阶段增长模型

按照上述两阶段增长模型，非常增长阶段的增长率是在非常增长阶段的末期突然转化为稳定增长阶段增长率的，没有设置过渡期，存在一定的局限性。因此，在两阶段增长模型的基础上，增加一个过渡期，可形成三阶段增长模型。

三、使用股利折现模型的注意事项

（一）股利折现模型的应用条件

股利折现模型理论的实质是股利决定股票价值。该理论认为到手的股利比用于再投资的留存收益更有价值，股东投资股票的根本目的在于获取股利，在永久持有股票的条件下，股利是股东投资股票获得的唯一现金流量，因此股利是决定股票价值的主要因素。而盈利等其他因素对股票价值的影响只能通过股利间接地表现出来。因此，股利折现模型的应用，要求标的企业的股利分配政策较为稳定，且能够对股东在预测期及永续期可以分得的股利金额做出合理预测。

在企业价值评估实务中，股利折现模型通常适用于缺乏控制权的股东部分权益价值的评估。

（二）股利折现模型中非经营性资产、负债和溢余资产的处理

在运用股利折现模型计算股权价值时，若被评估企业存在较大的非经营性资产、负债和溢余资产，应恰当考虑这些项目的影响。具体而言，若被评估企业已制订对非经营性资产、负债和溢余资产的处置及分配计划，在对股东未来预计能够分得的股利进行预测时，应当考虑非经营性资产、负债和溢余资产的处置及分配因素带来的影响。若被评估企业并无对非经营性资产、负债和溢余资产的处置及分配计划，且在对股

东未来预计能够分得的股利进行预测时，无法通过合理的方法将非经营性资产、负债和溢余资产对股利可能产生的影响考虑在内，则评估专业人员应当重新评价和判断运用股利折现模型开展股权评估的适用性。

应特别注意的是，在运用股利折现模型对缺乏控制权的股权价值进行评估时，并不存在这样一种方法：将被评估企业的非经营性资产、负债和溢余资产从被评估企业中分离出来单独进行评估后，再乘以特定股东的持股比例，得出特定股东享有的非经营性资产、负债和溢余资产的净额，再将该净额与股利折现值相加，得出特定股东的股权价值。因为缺乏控制权的股东往往无法影响或决定被评估企业非经营性资产、负债和溢余资产的处置和分配。

（三）股利增长率与股利支付率的关系

运用两阶段增长模型，要注意股利增长率与股利支付率的区别。一般而言，在非常增长阶段，股利支付率较低；在稳定增长阶段，股利支付率较高。在投入资本回报率大于资本成本且股利分配政策不变的前提下，股利支付率较低，表示更多的收益留存用于扩大再生产，则股利的增长率较高；股利支付率较高，表示较少的收益留存用于扩大再生产，则股利的增长率较低。

第二节　基于 EVA 的企业价值评估

泰国前总理他信将自己持有的西那瓦股票卖给了淡马锡（一家新加坡政府的投资公司）之后，却发现股票价格大幅度攀升。他表示不能理解："我以为我是很好的管理者。为什么会有这样的结果？"淡马锡的回答是："EVA，你应该了解它。"后来，他信在全国性的报纸上说："每个人都要了解 EVA。"

一、EVA 的内涵与实质

1929—1933 年美国经济大危机之后，以会计报表信息为基础的财务评价指标无法有效满足资本市场和股东对资本有效性的强烈要求。在这种背景下，理论界和实务界以股东价值最大化为导向对财务评价指标进行了"调整"。30 年前，美国大通曼哈顿银行的两个年轻人在不约而同地进行着一场公司价值评估方面的智力探险。他们认为，一般企业在评价其盈利能力时常采用的会计利润指标存在缺陷，难以正确反映企业的真实经营业绩，因为股东的投入是有成本的，企业的盈利只有在高于其资本成本（既包括债务成本又包括股权成本）时才为股东创造价值。1982 年，这两个年轻人成立了思腾思特公司，首次提出了 EVA 的概念。

EVA 的产生并不是一项全新的创造，它的思想起源于经济利润的理念。EVA还吸收了剩余收益（Residual Income，RI）概念的"合理内核"。为了促使部门与企业的整体目标相一致，避免出现本位主义，实务界和学术界共同提出了一种替代的业绩评价方法，即用剩余收益（RI）来克服投资报酬率（ROI）的局限性，专门用于评价企业各责任中心的经营业绩。因此，从某种角度来讲，EVA指标是剩余收益的新版本，它在计算过程中需要对来自财务报表的会计信息进行必要的调整，以消除存在的各种会计失真。这是EVA与剩余收益指标的重要区别。因此，尽管EVA来源于剩余收益，但是其又具有自身的创新。

二、EVA与股东价值创造

EVA可以让经营者富有，但前提是他们使得股东更加富有。

——斯图尔特

任何资源的使用都是有成本的。如果企业的投资回报率低于用同样的资本投资于其他风险相近项目的最低回报，那么就证明该资源没有创造价值。管理者应该怎样分配有限的资源？怎样平衡各部门之间的关系？EVA让管理者避免了盲目追求企业规模增长，消除了不同计划衡量标准引起的混乱，取而代之的是一种从雇员到管理者都适用的标准——价值创造。

EVA与股东价值创造的内在联系具体表现在以下方面：

（1）考虑到企业全部资本成本，真实反映企业经营业绩。EVA是从股东角度定义的利润指标，相比只考虑债务成本的会计净利润而言，它考虑了权益资本成本。这样就能够更真实地反映企业的经营业绩，衡量企业到底为股东创造了多少价值。这正是EVA指标最具特点和最重要的方面。许多会计利润为正但EVA为负的企业，实际上正在损害股东财富。

（2）进行会计报表项目调整，克服短视经营行为。传统的以会计利润为导向的业绩评价指标容易导致企业的短期行为，如忽视科技开发、产品开发、人才开发等。EVA 的会计调整鼓励经营者进行能给企业带来长远利益的投资决策。如新产品的研究和开发费用、新品牌的营销和广告费用等，其现金支出允许先进行资本化，再在 5~10 年内逐渐摊销。这种做法促使经营者敢于在短期内加大对这方面的投入来维持企业的持续发展。

（3）着眼于股东价值增长，基于股东利益合理决策。根据 EVA 的原理可知，企业 EVA 业绩的持续增长意味着股东价值的持续增长，由此 EVA 最大化与股东价值最大化相一致，增加 EVA 便成为公司经营活动的目标。管理层在决策时可利用 EVA 指标决定各业务部门的资本分配，做出符合股东利益的决策。比如，根据投资报酬率的评价标准，管理者就有可能放弃降低部门利润率而 EVA 可能为正的盈利项目，从而侵蚀股东权益。

正是由于 EVA 与股东价值创造之间的正相关关系，EVA 指标不但可以用于评价企业的经营业绩，还可用于评估企业的价值。

三、EVA 与企业价值评估

企业价值评估方法很多，其中收益法是指将预期收益资本化或者折现、确定评估对象价值的评估方法。收益法中的预期收益可以用现金流量、各种形式的利润（包括会计利润和经济利润）或现金红利等口径表示。企业价值评估的世界经典之作《价值评估》（第 4 版）指出，虽然现金流量和经济利润是衡量企业价值的两种不同的经济评估标准，但其衡量结果是相同的，并且指出一个想要创造价值的企业应该选择能使预期现金流量现值或经济利润现值（无论选择这两个中的哪一个，结果都相同）最大化的战略。可见，基于 EVA 的企业价值评估法（也称经济利润法）同样属于收益法的一种类型。

将 EVA 引入企业价值评估，不仅是因为 EVA 与企业价值具有密切关系，还由于折现现金流量模型有一定的局限性，即每年现金流的减少很难说是由经营业绩不佳还是投资增加造成的，而 EVA 克服了这一缺陷。EVA 可以指明企业是何时及如何创造价值的，并且得到的估值结果与折现现金流量模型相同。因此，基于 EVA 的企业价值评估法被越来越多的财务分析师、资产评估师、投资基金管理人员和投资咨询机构用来评估企业价值或股票价值。EVA 不仅在可口可乐、通用电气、杜邦、西门子等众多知名跨国公司得到了普遍应用，而且为高盛、摩根士丹利、所罗门联邦、瑞士信贷第一波士顿等许多著名投资银行所采用。例如，美国股票市场较大的投资基金之一——加利福尼亚退休基金，将 EVA 作为最主要的估值指标。

四、基于 EVA 的企业价值评估原理

（一）基于 EVA 的企业价值评估模型的基本内容

应用 EVA 评估企业价值，企业价值等于企业目前投资资本与企业未来 EVA 的现值之和。其公式具体如下：

企业价值 = 投资资本 + 未来各年的 EVA 的现值的总和

EVA 的计算公式可表述为：

$$EVA = NOPAT - NA \times WACC$$

式中，$NOPAT$ 表示税后营业净利润；$WACC$ 表示加权平均资本成本；NA 表示年初投入资本额。EVA 的公式也可以写为：

$$EVA = NA \times (ROIC - WACC)$$

式中，$ROIC$ 表示投资资本回报率，即 $NOPAT$ 与 NA 的比值。因此，这两个公式计算的 EVA 结果是一样的。

上述计算遵循的是西方会计制度，其应用的会计概念的定义与我国的不尽相同，所以要在我国应用 EVA 就必须先注意以下两个问题：

（1）上述公式中的税后营业净利润与我国的税后净利润不同。西方会计界的税后营业净利润是指扣除了所得税的"营业利润"，其中"包括各种类型的营业利润，包括大部分业务收入和支出"，但"非连

续经营的利润或亏损、额外利润或亏损以及非营业投资的投资利润通常不包括在内"。也就是说,公式中的营业利润相当于我国的经营利润(营业利润-公允价值变动净收益-投资净收益)与战略性投资的投资收益之和,而不包括营业外收支差额、非战略性投资的投资利润(如通过买卖股票而获得的投资收益)、非持续增长的利润或亏损(如补贴收入)等。

(2) 上述公式中的营业利润与我国所说的营业利润不同。公式中的营业利润是指息税前利润,包括利息费用,而我国的营业利润已扣除了利息费用。根据我国企业会计准则,利息费用作为财务费用(期间费用)在企业营业利润中扣除,因此,要在我国应用EVA指标就不能直接使用营业利润,必须先把利息费用加到营业利润中去。

(二) 基于EVA的企业价值评估模型的运用程序

EVA的计算不是对会计报表的否定,也无须重新编制会计报表,它来源于传统的会计方法。运用程序如下:

(1) **分析企业历史绩效**。财务报表并不是专为企业价值评估准备的,因此要准确地评估一个企业的历史绩效,就必须重组财务报表以反映企业的经济绩效,得出一些新指标。如扣除调整税后的净营业利润、投入资本和自由现金流,衡量和分析企业的投入资本回报率和EVA以评估企业创造价值的能力,评估企业的财务状况和资本结构以确定企业是否有财务资源来经营业务和进行长短期的投资。

(2) **预测未来的EVA**。在开始预测未来各年的EVA之前,必须确定预测年限和预测详细程度。预测年限一般选择3~5年。预测时一般是对有明确预测期的EVA进行明确的预测,然后运用某一特定公式对其余年的EVA进行预测,即预测连续价值(Continuing Value, CV)。无论选择哪种公式,所有连续价值法都假设绩效表现稳定。

我们不可以单凭一年的数字评价公司业绩。为了更清楚地了解公司业绩的发展历程和趋势,以及发现我们认为需要解释和调查的比率变动，应该分析公司 3 年的数字。当然，5 年的数字更好。

——鲍勃·沃斯

（3）估算连续价值。引入连续价值的概念，为简化企业价值评估的计算过程提供了一种有用的方法。使用 EVA 模型得出的连续价值不等于企业在可明确预测期间之后的价值，而等于在可预测期间企业投入资本的增加值。

企业价值 = 预测期初的投入资本 + 可明确预测期间 EVA 现值 + 可明确预测期后 EVA 现值

虽然 EVA 的连续价值与用折现现金流量法计算的连续价值不同，但在预测的财务绩效相同的情况下，企业的价值是相同的。

（4）计算加权平均资本成本。

加权平均资本成本 = 股权资本成本率 × 股权占总资本比例 + 债权资本成本率 × 债务占总资本比例

（5）将各项相加估算出企业的价值。

关于 EVA 的计算有两个关键点：对会计事项的调整和资本成本的计算，其结果将会直接影响 EVA 计算结果的准确性。

（三）EVA 评价指标计算中的会计调整

成功的实践应该是根据中国特色进行适应性的实施，要根据影响 EVA 在中国企业实施的因素对 EVA 进行修改和完善。

——思腾思特·远卓（中国）公司总裁、合伙人康雁

1. 会计调整的原则

在进行调整项目的选择时，需要综合考虑成本和收益，并遵循一定的原则。

第一，重要性原则，即该项调整是否举足轻重，是否对 EVA 有实质性的影响。

第二，可理解性原则，即调整的项目应便于企业价值评估报告使用者理解，便于评估人员操作，简单易行。

第三，可控性原则，即企业管理者能够控制和影响该调整项目，能够通过自身的努力，影响该费用或资本支出的水平，以增加股东利益。如果一项调整不能影响决策，就难以起到对 EVA 的激励作用，通常就不值得去做。

第四，客观性原则，由于许多调整项目会横跨数个会计期间，计算本期 EVA 时还要考虑前期已发生调整事项对本期的影响。调整事项一经确定，就不应该经常变动，应保持其连续性，以利于前后期比较和避免人为操纵业绩。如果取得数据需要高额的成本则得不偿失。

第五，适用性原则，即应结合被评估企业所在行业的特点和本企业的现实要求，将调整限制在必要的范围内。一些具体的会计调整对于某些企业比较重要，而对于其他企业可能无足轻重。例如，对于工业企业，坏账准备和存货准备的调整比较重要；对于消费品生产企业，广告费用的摊销则是关键。

2. 会计调整的主要项目

到目前为止，计算 EVA 可进行的会计调整已达 200 多种。调整的数量越多，计算结果就越精确，但同时也增加了计算的复杂性和难度，因此，在实务中必须结合成本效益原则，根据调整目的，在精确性和复杂性之间作出权衡，从而确定调整的限度。通常调整的项目限制在 5～10 项，主要包括研究与开发费用、员工培训费用、广告费用、资产减值准备、商誉与非经常项目的损益等。

在这里需要强调的是，在计算 EVA 时进行会计调整主要是为了更好地进行企业内部管理和价值评估，而不是要改变企业会计账务处理，当然也不需要严格遵循企业会计准则。

3. 企业会计准则对 EVA 计算的影响

根据企业会计准则的规定，结合 EVA 计算中会计调整的方法，得出以下资产负债表和利润表会计科目具体的调整方法：

第一，财务费用。在 EVA 看来，股权资本和负债资本一样也是有成本的。因而应对财务费用进行调整，将其作为负债资本成本一并在资本成本中扣除，以避免重复计算。

第二，研发费用。我国会计准则规定，研究阶段的支出和开发阶段不满足资本化条件的支出直接计入当期损益。只有满足资本化条件的开发阶段的支出才予以资本化，并在以后一段使用时间内摊销计入损益。根据 EVA 理论，企业的研发费用是对未来的必要投资，是一种消耗性资产，应该全部资本化且在一段使用时间内摊销，而不是直接计入当期损益；同时，研究开发活动的收益在未来取得，如果不将其资本化而直接计入当期损益，就会使当期利润严重偏低。由此可能导致研究开发投入不足，严重影响企业的可持续发展。因此，在计算 EVA 时，需要对研发费用进行调整。

第三，广告费、员工培训费等资本性投入。从 EVA 理论来看，广告费和员工培训费的投入是对未来的一种投资，应该资本化并在未来的一段时期内逐年摊销，而不是像新会计准则那样直接计入当期损益。

第四，非正常损益。非正常损益主要包括营业外收支及公允价值变动损益。EVA 理论强调企业价值创造的经常性和持续性，以准确反映管理层的经营业绩，从而排除非正常损益对 EVA 的影响。同时，根据我国上市公司年报披露的信息可知，上市公司普遍存在利用非正常损益人为调节企业利润的情况。因而，在计算 EVA 时，需要对非正常损益进行调整。

第五，各种准备金。根据企业会计准则要求，企业应根据情况在期末计提资产减值准备。而 EVA 倡导者认为，准备金的提取扩大了会计利润与现金流量的差距，而且提取准备金往往是企业管理者操纵会计利润的常用手段之一。因而在计算 EVA 时应该就准备金对净利润和投入资本的影响作相应的调整。

第六，在建工程。在建工程是对公司未来持续经营的投入，其在当期并不能为企业带来收益。如果将其纳入资本占用，就可能导致当期经济增加值减少甚至为负,从而使管理者丧失投入积极性,进而影响企业未来的价值创造和可持续发展。

因此,在计算 EVA 时应把在建工程从投入资本中扣除。

第七,递延所得税资产和递延所得税负债。由于会计准则和税法的规定不同,企业部分所得应纳税时间的差异形成了递延所得税资产和递延所得税负债。而根据 EVA 理论,企业可以从当期利润总额中扣除的所得税是当期实际要缴纳的所得税,不包括未来可能要缴纳的所得税。所以在计算 EVA 时,需要对递延所得税资产和递延所得税负债进行调整,从而剔除通用会计准则对企业所得税支出的影响。

第八,商誉。EVA 支持者将商誉看作企业的一项非消耗性资源且不摊销。这样做主要基于以下两点:一是实践中商誉可以在很长一段时期内给企业带来超额收入;二是不摊销商誉,管理者不必担心并购活动会影响企业当期利润,从而鼓励管理层开展有利于企业长远发展的并购活动。结合我国会计准则的相关规定,在计算 EVA 时,由于在"各项准备金"的调整中已经包括了商誉减值准备的影响,此处不再调整,以免重复。

大多数企业对 EVA 有 5~10 项的调整,国务院国资委对经济增加值的会计调整项目进行了精简,减少了部分会计调整项,只留下能抑制投资冲动、削减盈余管理和鼓励长期发展的调整项。目的在于突出重点,增加可操作性,鼓励企业做主业,增加经常性收入,而不是关注临时的、非经常性的项目,鼓励企业为了强化企业的核心竞争力做投资,反对临时的为了刺激利润所做的一次性投资或投机。

(四) EVA 评价指标计算中的资本成本计量

根据加权平均资本成本的计算公式,权益和债务的权重是基于市场价值的,未上市的企业也可以使用账面价值。因此,资本成本的计算难点主要归结为股东权益成本的计算。

五、对基于 EVA 的企业价值评估模型的评价

(一) 基于 EVA 的企业价值评估模型在应用中的问题

由 EVA 公式可知,EVA 的计算有两个关键环节:它通过会计调整消除权责发生制对企业真实经营业绩的扭曲,同时考虑了包括股权资本和负债成本在内的资本成本,从而能真实地反映企业利润。这两个环节是 EVA 的独特之处,但同时导致了 EVA 计算的复杂。具体阐述如下:

1. 会计调整

美国思腾思特公司最初对 EVA 提出了多达 200 项的调整问题。从理论角度来看,所有这些调整都有利于 EVA 指标的改进,使之更准确地反映企业创造价值的情况,但这样一来就大大增加了计算的复杂性和难度,在一定程度上妨碍了 EVA 的广泛应用。调整过程中主要存在以下两个难点:

(1) 调整事项的选择。通常情况下,大多数企业会采取 5~10 种调整措施。如何根据企业的具体情况来确定调整项目,并保证调整项目的合理性和有效性,是 EVA 计算的重要问题。也就是说,要看这些调整是否可以使 EVA 计算的结果对经济现实的反映更加公允、可靠,是否可以有效改变管理层的行为方式等。

(2) 调整的方法和过程。EVA 计算要求对税后净营业利润和资本投入额进行调整,调整的过程与公认会计准则相违背。调整过程是否正确体现 EVA 的理念和思想决定了计算结果的科学性。同时,还要考虑调整过程是否会引发管理成本和其他成本。

2. 资本成本计算

在 EVA 中,资本成本具有决定性的因素。有专家总结,目前我国企业资本成本计算主要存在以下问题:

(1) 单一模型估算存在较大的不确定性。股权资本成本的每一估

算模型都有其前提和假设条件。离开了实际估算条件，估算模型就可能缺乏严密的理论基础。例如，资本资产定价模型建立在资本市场有效、投资者理性且投资组合分散程度充分和有效等假设基础上。

（2）资本成本变动影响数据的可比性。企业可以通过改变资本结构等方法来影响资本成本。另外，在不同时期，外部环境的变化也会导致资本成本的剧烈波动。作为估值工具，应选择一个相对固定的资本成本率，使其既能在一定程度上反映企业经营状况，又能排除资本成本率变动带来的数据不可比的影响。在实践中，资本成本率往往是 EVA 计算过程中最不稳定的项目，从而影响了数据的可比性。

（3）应用条件的限制影响估算模型。例如，确定股权资本成本时，资本资产定价模型（CAPM）的适用范围仅限于上市公司；又如套利定价模型，要考虑多种风险补偿因素，选取哪些风险因素、采用什么指标，都没有具体、一致的标准，实际应用难度较大，应用范围有限。

（4）相关数据的取得缺乏客观性。目前的中国资本市场缺少规范、透明的市场数据作为指标，相关数据的确定离不开主观的判断和解释，如风险因素加成法。同时，考虑规模风险和非系统风险，虽简单易用，但缺乏统一、客观的尺度，在很大程度上依赖于专业人士的经验判断。

3. 资本结构计算基础的选择具有复杂性，即负债资本和权益资本各自所占的权重比率以及计算基础问题

恰当的资本结构有利于实现资本成本最小化和 EVA 最大化，但是如何确定是个问题。应该与战略目标结合起来考虑，而这样就加大了计算的复杂性。权重的计算基础包括账面价值、市场价值和目标价值等不同类型。不同类型的选择会影响结果的准确性。

（二）基于 EVA 的企业价值评估模型的优缺点分析

基于 EVA 的企业价值评估模型的优点主要体现在 EVA 指标上：

（1）考虑了股东资本成本的补偿，有利于管理层重视股东投入的回报。

（2）对研究与开发在建工程项目进行了调整，有利于企业未来的价值创造。

（3）扣除了非经常性损益，有利于企业突出主业、注重核心竞争力。

然而，一种模型是否具有长久的生命力，不仅在于其理论上的严密性，更重要的是，其在实践中是否具有广泛的应用价值。我国的一些企业也在尝试利用这种新的指标来评价经营成果、改善企业管理，如东风汽车、上海宝钢、青岛啤酒、TCL、深圳华为等。然而，在具体实施过程中，国内外企业都有成功的经验和失败的教训。其中，EVA 的计算不准确、不合理、不完善等问题，在很大程度上影响了 EVA 的推广和应用。

首先，EVA 计算结果的准确性。EVA 的应用是以一定的会计制度为基础的，而各国会计准则及会计核算方式不同。如果不根据我国具体情况对 EVA 的计算进行合理的修正，则计算结果的适用性就会受到一定的影响。各企业所在行业的特征和具体要求不同，EVA 计算方案的设计和调整事项的选择不可避免地受主观因素的影响，可能会使计算结果产生偏差，甚至产生利润的人为操纵。

其次，EVA 计算过程的简便性。EVA 计算本身的难度成为 EVA 应用的一大障碍。实践表明，许多没有成功实施 EVA 的企业都是因为其计算系统设计得过于复杂，不利于管理人员理解，更不利于在执行层和操作层上展开实施。因此，"简单"的东西才"实用"，EVA 复杂、烦琐的计算过程给 EVA 的应用带来了一定的障碍。

最后，EVA 计算方法的完善性。我国的证券市场还处于发展中，会计信息失真，公司治理机制不够完善，公司经营方针缺乏连续性。没有健全、有效的资本市场，股东价值的变化就无法正确衡量，EVA 管理模式的有效性也就不能得到验证。此外，EVA 的计算结果受通货膨胀、规模差异、资本成本波动等多种因素的影响，且未考虑非财务指标的影响，计算结果并不完善。

（三）基于 EVA 的企业价值评估模型的适用范围

尽管 EVA 模型能很好地估算企业价值，但并不是所有的企业都适用 EVA，一般情况下，以下几种企业不适用：

1. 金融机构

金融机构具有法定的资本金比率要求。我国法律规定，商业银行的法定资本充足率要达到 8%。同时，银行如果把贷款额作为资产来使用和计算，其 EVA 值将被扭曲。因此，美国思腾思特公司对中国上市公司的 EVA 排名中并没有将此类金融上市公司列入。金融机构通常是用经济资本来替代 EVA 进行价值计量和业绩评价的。

2. 周期性企业

由于受客观周期的影响，周期性企业的利润波动太大，也可能引起 EVA 数值扭曲。

3. 新成立企业

新成立企业的利润波动也很大，等企业有稳定业务和利润之后再引入 EVA 比较好。

复习思考题

1. 预测期多长才能通过估值模型得到最好的结果呢？
2. 剩余收益模型需要净剩余会计关系，这需要对股利进行估计，那么为什么不直接使用股利贴现模型呢？换句话说，剩余收益模型相对于股利贴现模型的优势是什么？
3. 在计算自由现金流量时，需要对维护性资本支出和增长性资本支出进行区分吗？
4. 应该对使用股票为资本支出提供资金的公司做出调整吗？

第九章

FCFF和FCFE

本章进一步对DCF进行分析,介绍了自由现金流(FCFF)和股权自由现金流(FCFE)的计算方法,以及企业如何利用自由现金流(FCFF)和股权自由现金流(FCFE)对企业及其证券进行估值。

第一节　自由现金流估值简介

股利是实际支付给股东的现金流，而自由现金流是可以分配给股东的现金流。现金流贴现（DCF）估值方法将证券的内在价值看作其未来现金流的现值。如果使用股利，DCF 模型就是股利贴现法或股利贴现模型（DDM）。与股利不同，FCFF 和 FCFE 不是容易获得的数据。分析师需要用可得到的财务信息计算出这些数据，这要求分析师清楚地理解自由现金流并具有正确解析和使用这些信息的能力。预测未来现金流也是一项复杂、有难度的工作。对企业财务报表、经营状况、财务状况以及所在行业的理解能帮助分析师更好地完成这项工作。许多分析师认为自由现金流模型在实践中比 DDM 更有用。自由现金流为估值提供了一个良好的经济理论基础。

存在以下一种或几种情况时，分析师喜欢将回报定义为自由现金流（FCFF 或 FCFE）：

（1）企业不支付股利。

（2）企业支付股利但支付的股利与企业的股利支付能力有很大的不同。

（3）投资者选择控制权视角。控制权可以带来对自由现金流使用的决策权。

如果投资者可以控制企业（或预期另外一个投资者会控制企业），

那么股利可能会有很大的变动。例如，它可能会被设定在接近企业股利支付能力的水平。这种投资者可能还会用自由现金流偿还在收购过程中产生的债务。

第二节　自由现金流

企业自由现金流（Free Cash Flow to the Firm，FCFF）是所有经营费用（包括所得税）已经支付，必需的营运资本（例如存货）和固定资本（例如设备）投资已经完成后，企业资本提供者可以得到的现金流。FCFF 等于经营活动现金流减去资本支出，是企业的债权人和股权人所能获得的总现金流。

一、从净营业利润开始算自由现金流（FCFF）

FCFF 的公式如下：

$$FCFF = \text{属于普通股股东的净利润}（NI）$$
$$\text{加：净非现金费用}（NCC）$$
$$\text{加：利息费用} \times (1 - \text{税率})$$
$$\text{减：固定资本投资}（FCInv）$$
$$\text{减：营运资本投资}（WCInv）$$

这个公式可以写得更简洁，即：

$$FCFF = NI + NCC + Int(1 - \text{税率}) - FCInv - WCInv$$

上述公式的起点归属于普通股股东的"净利润"——利润表的最后一行，它代表着扣除了折旧、摊销、利息费用、所得税和优先股股利（但不包括普通股股利）后的利润。

"净非现金费用"是指不涉及现金支出的费用,反映了净利润中对非现金减少和增加进行的调整。如果净利润中的非现金减少超过非现金增加,就像通常的那样,调整就是正的。如果非现金增加超过非现金减少,调整就是负的。最常见的非现金项目是折旧费用。当企业购买固定资产(例如机器设备)时,资产负债表会在购买的时点反映现金的流出。此后,企业会在使用资产的时候记录折旧费用。折旧会降低净利润但不是现金的流出。因此,折旧是一项最常见的非现金费用,在计算FCFF时必须加回。如果是无形资产,类似的非现金费用被称为摊销,也要在计算时加回。其他非现金费用因公司而异,我们将在后面讨论。

"税后利息费用"必须加回到净利润以得到FCFF。因为在计算净利润时扣除了利息费用在节约所得税后的净值,而利息是企业的一部分资本提供者(即企业的债权人)可以得到的现金流,所以这一步是必需的。在美国和许多其他国家,利息对于企业(借款人)来说是可以抵税的(减少所得税),对利息获取方(贷款人)来说是应税的。FCFF的折现采用的是税后资本成本。为了保持一致,我们用税后的利息支出计算FCFF。

与税后利息费用相似,如果企业有优先股,优先股的股利会在计算普通股股东的净利润时被扣除。因为优先股股利也是企业部分资本提供者可以得到的现金流,所以在计算FCFF时应该加回。

"固定资本投资"反映了企业购买目前和未来经营所必需的固定资本的现金流出。这些投资是对长期资产,如不动产、厂房和设备(PPE)的资本支出,是支撑企业经营所必需的。必需的资本支出可能还包括无形资产,如商标。如果是用现金收购另一家企业而不是直接购买PPE,现金的购买数额也可以被视为资本支出,会减少企业的自由现金流。如果有大的收购(和所有非现金的收购),我们必须谨慎地评价其对未来自由现金流的影响。如果企业处置固定资本收到现金,分析师必须在计算固定资本投资时扣除这部分现金。例如,假设我们出售设备得到10万美元，这笔现金流会减少企业固定资本投资的现金流出。企业的现金流量表是资本支出和固定资本出售信息的极好来源。分析师应该注意，有的企业收购固定资本时没有使用现金，如通过换股或债务的方式。这种收购不会出现在企业的现金流量表中，但要根据重要性原则在附注中披露。尽管非现金交易不影响历史的FCFF，但如果这种资本支出是必需的或者未来可能会用现金支付，那么分析师在预测未来FCFF时就应该利用这个信息。

最后要说明的是"营运资本投资"这项重要调整。该调整反映了流动资产（例如应收账款）减去流动负债（例如应付账款）的净投资。分析师可以通过研究企业的资产负债表或现金流量表得到这方面的信息。

尽管营运资本经常被定义为流动资产减流动负债，但是以现金流和估值为目的的营运资本定义不包括现金和短期债务，包括应付票据和一年内到期的长期债务。在为了计算自由现金流检查营运资本净增加时，我们定义的营运资本剔除了现金及现金等价物、应付票据和一年内到期的长期债务。剔除现金和现金等价物，是因为现金的变化恰好是我们要解释的。剔除应付票据和一年内到期的长期债务是因为这些项目有明确的利息，所以不是经营性项目而是融资性项目。

二、从现金流量表开始算自由现金流

FCFF是所有资本（债务和股权）提供者可以得到的现金流。因为现金流量表中的经营活动产生的现金流量（CFO）包含了对非现金费用（例如折旧和摊销）和营运资本净投资的调整，所以CFO也可以作为计算自由现金流的起点。

在现金流量表中，现金流被分为三类：经营活动产生的现金流量（或经营产生的现金流量）、投资活动产生的现金流量和融资活动产生的现金流量。经营活动产生的现金流量是企业经营活动提供的现金净额。现金流量表的经营活动部分呈现了销售商品和提供劳务收到的现金、购买商品和接受劳务支付的现金这类现金流。投资活动产生的现金流量包含了企业对长期资产（例如固定资产和对其他企业的长期投资）的投资（或销售）。融资活动产生的现金流量与企业筹集和偿还资本的活动有关。

要从 CFO 开始估计 FCFF，我们必须了解利息支付的会计处理。如果像美国 GAAP 那样，净利润和 CFO 已经扣除了税后利息费用，那么税后利息费用必须加回来，得到 FCFF。在美国 GAAP 中，FCFF 可以作如下估计：

企业自由现金流 = 经营活动产生的现金流量 + 利息费用 ×（1 - 税率）- 固定资本投资

三、非现金费用

如果想用 "$FCFF = NI + NCC + Int（1 - 税率）- FCInv - WCInv$" 这种加回法，分析师应该检查非现金费用，确保 FCFF 的估计可以为预测提供合理的基础。例如，重组费用可能包括现金支出和非现金费用。裁员的遣散费可能是现金的重组费用，而重组费用中的资产减值准备则是非现金项目。

例 9-1 先正达公司（Syngenta AG，SWX：SYNN）的总部和注册地在瑞士，经营农作物保护、种子销售还有草坪和花园，是全球领先的农业企业。用于农作物保护的化学品包括除草剂、杀虫剂、杀真菌剂和拌种剂，可以控制作物中的杂草、昆虫和疾病，是世界各地种植者提高农业生产力和食物质量必不可少的投入。在种子方面，先正达经营商业价值高的农作物（包括玉米、油菜籽、谷物和甜菜）和蔬菜。草坪和花园业务为专业种植者和消费者提供鲜花、草坪和景观产品。

先正达的财务报表采用美元计算，因为它是收入计算的主要货币。2011 年和 2012 年合并现金流量表中的经营活动产生的现金流量部分如

表9-1所示。

表9-1　先正达公司以及子公司合并现金流量表　　单位：百万美元

年份	2012年	2011年
税前利润	2152	1901
调回非现金项目	984	801
已付/收到的现金：		
收到的利息	135	96
支付的利息	(162)	(174)
其他融资性收益	62	216
其他融资性损失	(260)	(252)
所得税	(378)	(282)
重组费用	(55)	(71)
对退休金计划的缴款，不包括重组费用	(78)	(198)
其他预提项目	(182)	(116)
净营运资本变动前现金流	2218	1921
净营运资本变动：		
存货变动	(555)	(478)
应收账款和其他营运资本资产变动	(814)	(120)
应付账款和其他营运资本负债变动	510	548
经营活动产生的现金流量	1359	1871

但2012年现金流量表中的重组费用调节金额5500万美元与利润表中反映的重组费用2.41亿美元大相径庭（见表9-2）。

表9-2　截至2012年12月31日年度预提重组费用变动

单位：百万美元

	1月1日	计入利润表费用	预提费用转回，贷记利润	支付	精算收益和损失	冲抵确定收益退休金计划资产	货币换算差异	12月31日
预提重组费用								
员工终止费用	75	10	(2)	(44)	—	—	6	45

续表

	1月1日	计入利润表费用	预提费用转回，贷记利润	支付	精算收益和损失	冲抵确定收益退休金计划资产	货币换算差异	12月31日
其他第三方费用	23	3	—	(11)	—	—	(1)	14
员工福利：								
退休金	288	81	—	(78)	131	(127)	7	302
其他退休后福利	101	3	(54)	(11)	22	—	—	61
其他长期雇员福利	57	14	(1)	(15)	—	—	6	61
与环境有关的预提	369	4	(3)	(33)	—	—	6	343
与解除法律和产品责任负债有关的预提	189	86	(10)	(112)	—	—	(5)	148
其他预提	98	40	(24)	(11)	—	—	—	103
合计	1200	241	(94)	(315)	153	(127)	19	1077

使用提供的信息回答以下问题：

（1）利润表中显示的重组费用数额为什么与现金流量表中显示的重组费用金额有所不同？

（2）在预测未来现金流量时应如何处理重组费用？

问题（1）的解答：利润表中显示的重组费用与现金流量表中显示的重组费用不同有两个原因：一是利润表中的重组费用比现金流量表中的重组费用在定义上更广泛。表9-2中计入利润表的2.41亿美元不但反映了重组费用，还反映了退休金和其他预提项目的变动。二是现金流量表反映了一些费用是以现金支付而另一些不是的事实。在现金流量表中，非现金重组费用会被包含在非现金项目的9.84亿美元中，加回净利润。

对照表9-1和表9-2，表9-1中"重组费用"显示的5500万美元正好为表9-2中"重组费用"显示的"员工终止费用"4400万美元及"其他第三方费用"1100万美元之和。表9-1中"对退休金计划的缴款,不包括重组费用"显示的 7800 万美元正好对应表 9-2 中"退休金"在"支付"列的 7800 万美元。最后,表 9-1 中"其他预提项目"显示的 1.82 亿美元正好为表 9-2 中"支付"列的其他项目之和 [(11+15+33+112+11) 百万美元]。

问题(2)的解答:重组费用通常是不可预测的,也常常在预测中被省略。如表 9-2 所示,先正达公司仍然有为重组计提的账户。在试图预测未来现金流量时,可以考虑这些账户的金额和以往重组费用的历史记录。

在某些情况下,非现金重组费用还可能导致净利润增加——例如公司转回部分或全部的前期预提费用。利得和损失(例如经营资产的出售)是另一项可能增加或减少非现金费用净额的非现金项目。如果公司以 10 万欧元的价格出售一件账面价值为 6 万欧元的设备,它的净利润中将包括 4 万欧元的利得。然而 4 万欧元的利得不是一项现金流,必须在计算 FCFF 时被扣除。需要注意的是,10 万欧元是一项现金流,而且是公司固定资产净投资的一部分。损失会降低净利润,因此在计算 FCFF 时要加回。在对净利润的调整中,利得和损失是除了折旧以外最常见的非现金费用。分析师应该检查企业的现金流量表,找出公司特有的项目,确定可能需要进行的调整,使得会计数据适用于预测。

特别需要注意"递延所得税"项目,因为递延所得税产生于企业财务报表与税务报表在利润与费用报告上的时间差异。财务报告在计算净利润时扣除的所得税费用不等于支付的现金税款。随着时间的推移,会计利润与应税利润的差异会互相抵消而不影响总的现金流。一般来说,如果分析师的目的是预测,即找出 FCFF 的可持续部分,那么分析师不应该加回那些在不久的将来会被转回的递延所得税变动。但有的时候企业可以在很长时间内持续地推迟所得税。如果企业正在成长,而且有能力无限期地推迟它的所得税负债,递延所得税就可以加回到净利润。但是,收购者必须知道,这些所得税可能在将来的某个时间需要支付。

企业经常会在财务报告中确认一些税务报告不可扣减的费用（例如重组费用）。在这种情况下，当期支付的所得税高于利润表报告的所得税，因此产生递延所得税资产，在计算现金流表的现金流时会调减净利润。如果递延所得税资产预期在不久的将来会被转回（例如通过折旧的税收扣除），那么分析师在现金流预测中不应该扣减递延所得税资产，以避免低估未来现金流。但如果企业预期这些费用有持续性，则有必要调减未来现金流预期。

以股票为基础的员工报酬（股票期权）是对预测者的另一个挑战。根据 IFRS 和美国 GAAP，企业必须将支付给员工的期权确认为利润表的一项费用。期权在授予时并不产生现金流出，因此是非现金费用，但是期权的授予会影响长期的现金流。当员工行使期权时，企业会收到一些取决于期权行权价格的现金。这些现金流被认为是融资活动现金流。在某些情况下，企业还会因为发行期权得到税收优惠，这会增加经营活动现金流但不会增加净利润。IFRS 和美国 GAAP 都要求将税收影响的一部分确认为现金流量表中的融资活动现金流，而不是经营活动现金流。分析师应该查阅现金流量表和报表附注以决定期权对经营活动现金流的影响。如果这些现金流在未来不能持续，那么分析师就不应该将它们纳入现金流的预测中。分析师还应该考虑股票期权对发行在外的股票数量的影响。在计算股权价值时，分析师可能会使用（基于员工股票期权行权）预期的发行在外的股票数量而不是目前的发行在外的股票数量。

在以估值为目的的现金流预测中，分析师应该考虑营运资本历史变动对自由现金流的影响是否具有可持续性，例 9-2 说明了这个问题。

例 9-2 瑞安航空公司（LSE：RYA）经营爱尔兰、英国、欧洲大陆和摩洛哥之间的点对点短途廉价客运航线。表 9-3 列出了其现金流量表中的经营活动和部分投资活动。现金流量表是根据 IFRS 编制的。

表9-3 瑞安航空公司现金流量表节选   单位：百万欧元

	2012年	2011年	2010年
经营活动			
税前利润	633	420.9	341
将税前利润调整为经营活动产生的净现金流：			
折旧	309.2	277.7	235.4
存货的增加	(0.1)	(0.2)	(0.4)
应收账款的增加	(0.9)	(6.3)	(2.5)
其他流动资产的减少（增加）	34.5	(20.9)	11.6
应付账款的增加（减少）	30.4	(3.2)	21.3
预提费用的增加	11.6	135	189.7
其他应付款的增加（减少）	19.7	(10)	30.1
预提维修费的增加（减少）	6.6	(7.9)	30.7
固定资产处置收益	(10.4)	—	(2)
可供出售金融资产减值损失	—	—	13.5
应收利息的减少（增加）		1.6	(1.2)
应付利息的增加（减少）	1.1	2.3	(0.5)
退休费用	(0.1)	(0.1)	(0.1)
以股票为基础的支付	(0.7)	3.3	4.9
支付的所得税	(13.6)	(5.9)	—
经营活动产生的净现金流	1020.3	786.3	871.5
投资活动：			
资本支出（购买固定资产）	(317.6)	(897.2)	(997.8)

分析师预测瑞安公司在接下来的几年内会增长，折旧费用会大幅增加。基于以上信息，回答下列问题。

（1）对比报告的折旧费和资本支出，讨论未来折旧费增加对未来净利润和未来经营活动净现金流的影响（假定其他条件不变）。

（2）解释2012年营运资本（例如存货、应收账款和应付账款）变动对股权自由现金流的影响，并讨论这种变动的长期持续性。

问题（1）的解答：2010—2012年，资本支出金额相对于折旧费用金额有显著变化。例如，2012年，资本支出的3.176亿欧元略高于3.092亿欧元的折旧费用。2010年，资本支出为9.978亿欧元，比折旧费用2.354亿欧元高出3倍多。折旧费用的增长率将高度依赖于未来的资本支出。

在计算净利润时，折旧是一个扣减项。因此，当折旧费用在未来年份增加时，净利润会下降。确切地说，净利润下降的幅度是（折旧费用）×（1-税率）。但是在计算CFO时，折旧会被全额加回到净利润中。为了计算CFO加回到净利润中的折旧费用数额和折旧费用导致的净利润减少额之间的差异为（税率）×（折旧费用），即对CFO的正增加。因此，折旧费用的预期增加对未来净利润的影响是负的，但对未来CFO的影响是正的（在最差的情况下，公司经营亏损，折旧对CFO的影响是中性的）。

问题（2）的解答：2012年，存货和应收账款的增加导致对净利润的负向调整（即科目的变动导致现金流相对于净利润的减少）。因为这些科目余额的增加是现金流的使用，所以调整是负向的。在流动负债方面，因为应付账款、预提费用和其他应付款的增加意味着现金还未支付，所以这些增加作为现金流的来源被加回到净利润。因为CFO是FCFE的一部分，所以正向（负向）影响CFO的项目也会正向（负向）影响FCFE。虽然在这个例子中看不出来，但资产（例如存货）或负债（例如应付账款）余额的减少都是不可以无限持续的。在极端的情况下，余额下降为零，进一步的减少是不可能的。考虑到瑞安航空净利润的增长和资本支出导致的固定资产增加，该公司看上去会继续增长，投资者应该预测其营运资本需求会相应增加。

四、从自由现金流算股权自由现金流（FCFE）

股权自由现金流（Free Cash Flow to Equity，FCFE）是所有经营费用、利息和本金都已经支付，必需的营运资本和固定资本投资已经完成后，企业的普通股股东可以得到的现金流。FCFE等于经营活动现金流减去资本支出再减去支付给债权人的（或加上从债权人处得到的）现金。

$$股权现金流（FCFE）= FCFF - I(1-t) + 债务净增加（Net\ borrowing）$$

$$债务净增加（Net\ borrowing）= 年末债务总和 - 年初债务总和$$

如上述公式所示，从FCFF开始，减去税后利息费用，加上债务净增加，就可以得到FCFE。分析师也可以通过反向调整从FCFE得到FCFF——加回税后利息费用并减去债务净增加：$FCFF = FCFE + Int(1-税率) - 债务净增加$。

FCFE是企业可以用来支付股利的金额。出于各种原因，企业实际支付的金额经常远高于或远低于FCFE，因此FCFE与实际支付的股利往往不同。形成这种差异的原因之一是股利决策由董事会酌情制定，多数公司会"管理"股利，公司倾向于逐渐增加股利，部分原因是它们不愿意被迫削减股利。即使盈利快速增长，许多公司也会缓慢地提高股利，当利润下降时，公司往往会保持原来的股利水平，这使得盈利比股利的波动更大。

同时，我们需要意识到，和自由现金流一样，公司股权自由现金流也有可能是负数，但债务现金流不再是造成公司自由现金流为负数的主要原因。即使是正在偿还债务的高杠杆企业，也有可能在出现正股权自由现金流的同时，出现负的公司自由现金流。

例9-3 表9-4~表9-6列出了皮茨公司的资产负债表、利润表和现金流量表。注意现金流量表的格式，其中"投资活动使用的现金"和"融资活动使用的现金"分别是正的4亿美元和8500万美元，这意味着现金流出，因此是调减额。另一种格式，"投资活动提供（使用）的现金"用"(400)"表示，意味着减去4亿美元。

表9-4 皮茨公司的资产负债表（除了每股的数据，以百万美元为单位）

资产负债表	2011年	2012年
资产：		
流动资产：		
现金及现金等价物	190	200
应收账款	560	600
存货	410	440
流动资产合计	1160	1240
固定资产原值	2200	2600
累计折旧	(900)	(1200)
固定资产净值	1300	1400
总资产	2460	2640
负债和股东权益：		
流动负债：		
应付账款	285	300
应付票据	200	250
预提费用和应交税金	140	150
流动负债合计	625	700
长期借款	865	890
普通股	100	100
资本公积	200	200
留存收益	670	750
股东权益合计	970	1050
负债和股东权益合计	2460	2640

表9-5 皮茨公司的利润表（除了每股的数据，以百万美元为单位）

利润表	2012年
营业收入	3000
营业成本和费用	2200
EBITDA	800
折旧	300
经营利润（EBIT）	500
利息费用	100

续表

利润表	2012年
税前利润	400
所得税（税率为40%）	160
净利润	240
股利	160
留存收益变动	80
每股收益（EPS）	0.48
每股股利	0.32

表9-6 皮茨公司的现金流量表（除了每股的数据，以百万美元为单位）

现金流量表	2012年
经营活动：	
净利润	240
调整项：	
折旧	300
营运资本变动：	
应收账款	(40)
存货	(30)
应付账款	15
预提费用和应交税金	10
经营活动提供的现金	495
投资活动：	
购买固定资产	400
投资活动使用的现金	400
融资活动：	
应付票据	(50)
发行长期融资工具	(25)
普通股股利	160
融资活动使用的现金	85
现金及现金等价物增加（减少）	10
现金及现金等价物期初余额	190
现金及现金等价物期末余额	200

续表

现金流量表	2012 年
现金流量补充披露：	
支付的利息	100
支付的所得税	160

注意皮茨公司 2012 年的净利润为 2.40 亿美元。接下来，演示以下问题所需要的计算。

(1) 从净利润数据开始计算 FCFF。

(2) 从问题 (1) 得到的 FCFF 开始计算 FCFE。

(3) 从净利润数据开始计算 FCFE。

(4) 从 CFO 开始计算 FCFF。

(5) 从 CFO 开始计算 FCFE。

问题 (1) 的解答：分析师可以从净利润开始计算 FCFF。

单位：百万美元

属于普通股股东的净利润	240
加：非现金费用净额	300
加：利息费用 × (1 − 税率)	60
减：固定资本投资	400
减：营运资本投资	45
企业自由现金流	155

这个公式可以写作：

$$FCFF = NI + NCC + Int(1-税率) - FCInv - WCInv$$
$$= 240 + 300 + 60 - 400 - 45 = 155（百万美元）$$

我们需要解释其中的一些项目。资本支出为 4 亿美元，即资产负债表中的固定资产原值增加额和现金流量表中报告的投资活动的固定资产投资。营运资本增加了 4500 万美元，即应收账款增加的 4000 万美元（=600−560）加上存货增加的 3000 万美元（=440−410）减去应付账款增加的 1500 万美元（=300−285）减去预提费用和应交税金增加的1000万美元（=150-140）。我们在计算营运资本增加时忽略现金，因为现金的变动正是我们要计算的。我们也忽略了短期借款，如应付票据，因为这些债务属于企业得到的资本而不属于经营项目。税后利息费用等于利息费用×（1-税率）：100×（1-0.40）=60（百万美元）。

问题（2）的解答：

单位：百万美元

企业自由现金流	155
减：利息费用×（1-税率）	60
加：净借款	75
股权自由现金流	170

或者用公式：$FCFE = FCFF - Int(1-税率) + 净借款 = 155 - 60 + 75 = 170$（百万美元）

问题（3）的解答：

单位：百万美元

属于普通股股东的净利润	240
加：非现金费用净额	300
减：固定资本投资	400
减：营运资本投资	45
加：净借款	75
股权自由现金流	170

或者用公式：

$$FCFF = NI + NCC - FCInv - WCInv + 净借款$$
$$= 240 + 300 - 400 - 45 + 75 = 170（百万美元）$$

因为应付票据增加了5000万美元（=250-200），长期借款增加了2500万美元（=890-865），所以净借款为7500万美元。

问题（4）的解答：

单位：百万美元

经营活动现金流	495
加：利息费用×（1－税率）	60
减：固定资产投资	400
企业自由现金流	155

或者用公式：

$$FCFF = CFO + Int（1-税率）- FCInv$$
$$= 495 + 60 - 400 = 155（百万美元）$$

问题（5）的解答：

单位：百万美元

经营活动现金流	495
减：固定投资资本	400
加：净借款	75
股权自由现金流	170

或者用公式：$FCFE = CFO - FCInv + 净借款 = 495 - 400 + 75 = 170$（百万美元）

FCFE通常小于FCFF。但在这个例子中，因为当年有大量的外部借款，所以FCFE（170百万美元）大于FCFF（155百万美元）。

五、从EBIT或EBITDA计算FCFF和FCFE

计算FCFF和FCFE最常用的起点是净利润或CFO，另两个起点是利润表的EBIT和EBITDA。我们假设折旧（Dep）是唯一的非现金费用（NCC），$EBIT$和$FCFF$之间的关系如下所示：

$$FCFF = NI + Dep + Int（1-税率）- FCInv - WCInv$$

净利润（NI）可以表达为：

$$NI = （EBIT - Int）（1-税率）= EBIT（1-税率）- Int（1-税率）$$

将这个等式代入上式，我们得到：

$$FCFF = EBIT(1-税率) + Dep - FCInv WCInv$$

从 EBIT 开始计算 FCFF，我们需要将 EBIT 乘以 (1-税率)，加回折旧，然后减去固定资本和营运资本投资。要表达 FCFF 和 EBITDA 之间的关系也很容易。净利润可以表达为：

$$NI = (EBITDA - Dep - Int)(1-税率) =$$
$$EBITDA(1-税率) - Dep(1-税率) - Int(1-税率)$$

将这个等式代入第一个式子中的 NI，可以得到：

$$FCFF = EBITDA(1-税率) + Dep \times 税率 - FCInv - WCInv$$

即 $FCFF$ 等于 $EBITDA(1-税率)$，加上折旧和税率的积，减去固定资本和营运资本的投资。比较上述公式可以发现折旧费用处理方式的差异。以净利润为起点计算 FCFF 需要许多非现金费用调整，但以 EBIT 或 EBITDA 为起点计算则不需要。因为很多非现金费用是在计算 EBIT 或 EBITDA 后加入净利润的计算之中的，所以在以 EBIT 或 EBITDA 为基础计算 FCFF 时不需要加回。另一个需要考虑的重要因素是，某些非现金费用是可以抵税的，如折旧。具有税收影响的非现金费用必须考虑在内。

综上所述，从 EBIT 或 EBITDA 开始计算 FCFF 时，非现金费用是否需要调整取决于该项费用在利润表中的哪个位置被扣除；此外，每项调整的形式取决于该项非现金费用是否可以抵税。

我们还可以从 EBIT 或 EBITDA 开始计算 FCFE（而不是 FCFF）。以 EBIT 或 EBITDA 为基础计算 FCFE 的简便方法分别是利用 EBIT 计算 FCFF 的表达式或用 EBITDA 计算 FCFF 的表达式，再减去 Int (1-税率) 和加上净借款，因为 $FCFE$ 与 $FCFF$ 的关系如下：

$$FCFE = FCFF - Int(1-税率) + 净借款$$

例 9-4 计算 G 公司 2019 年的 FCFF 和 FCFE，其 2018 年和 2019 年的财务数据如表 9-7 所示。

表 9-7 G 公司 2018 年和 2019 年的财务数据   单位：万元

年份	2018	2019
现金	18	20
应收账款	15	20
存货	80	100
固定资产原值	85	100
累计折旧	(34)	(54)
总资产	164	186
应付账款	40	45
长期债务	55	65
普通股	48	48
留存收益	21	28
负债与所有者权益	164	186
销售收入	70	77
销货成本	14	15
毛利	56	62
销售及管理费用	7	7.5
折旧费用	17	20
息税前利润	32	34.5
利息费用	3.3	3.9
税前利润	28.7	30.6
所得税费用	8.61	9.18
净利润	20.09	21.42

G 公司在 2019 年没有处置固定资产。G 公司的所得税率为 30%。根据上述信息，计算 G 公司 2019 年的 FCFF 和 FCFE。

解析：

G 公司 2019 年的非现金支出即 2019 年的折旧费用 20 万元。

G 公司 2019 年的固定资本投入为固定资产原值的增加额，即

$$100-85=15（万元）$$

G 公司 2019 年的营运资本投入为：

Δ（应收账款＋存货－应付账款）＝

$$(20+100-45)-(15+80-40)=20（万元）$$

G公司2019年的净融资额（net borrowing）为长期债务余额的增加额，即

$$65-55=10（万元）$$

根据间接法，G公司2019年经营性现金流为：

$$21.42+20-20=21.42（万元）$$

基于G公司2019年的净利润，有：

$$FCFF = NI + NCC + Int(1-t) - FCInv - WCInv$$
$$= 21.42 + 20 + 3.9 \times (1-0.3) - 15 - 20 = 9.15（万元）$$

$$FCFE = NI + NCC - FCInv - WCInv + Net\ borrowing$$
$$= 21.42 + 20 - 15 - 20 + 10 = 16.42（万元）$$

基于G公司2019年的经营性现金流，有：

$$FCFF = CFO + Int(1-t) - FCInv$$
$$= 21.42 + 3.9 \times (1-0.3) - 15 = 9.15（万元）$$

$$FCFE = CFO - FCInv + Net\ borrowing$$
$$= 21.42 - 15 + 10 = 16.42（万元）$$

基于G公司2019年的EBIT，有：

$$FCFF = EBIT(1-t) + NCC - FCInv - WCInv$$
$$= 34.5 \times (1-0.3) + 20 - 15 - 20 = 9.15（万元）$$

$$FCFE = EBIT(1-t) - Int(1-t) + NCC - FCInv - $$
$$WCInv + Net\ borrowing$$
$$= 34.5 \times (1-0.3) - 3.9 \times (1-0.3) + 20 - 15 - 20 + 10$$
$$= 16.42（万元）$$

注意，在计算FCFE时，也可以直接使用公式：

$$FCFE = FCFF - Int(1-t) + Net\ borrowing$$

得到：

$$FCFE = 9.15 - 3.9 \times (1-0.3) + 10 = 16.42（万元）$$

六、自由现金流分析的其他问题

在上述分析过程中,我们没提到的其他问题还包括:分析师对 CFO 的调整、自由现金流和股利之间的关系,以及复杂财务结构情况下的估值。

(一)对 CFO 的调整

尽管许多公司的财务报表都很易懂,但有的不透明(即报告数据和披露信息的质量都不高)。因为有时企业及其交易情况非常复杂,所以分析起来会很难。

例如,许多公司的财务报表中的资产负债表项目的变动(资产的增加或负债的减少)与现金流量表中报告的变动不同。类似地,现金流量表中的折旧可能与利润表中的折旧费用不等。这种问题是怎么产生的呢?

造成资产负债表科目变动与现金流量表报告的变动不等的因素包括:并购或剥离、存在非本国子公司。例如,存货余额的增加可能是因为向供应商购买(属于经营活动)或收购了另一家资产负债表上有存货的公司(属于投资活动)。差异还可能是非本国子公司利润的货币转换导致的。

因为现金流量表中的 CFO 数据可能会受融资和投资活动的干扰,所以我们在估值中使用 CFO 时,理想的做法是消除这些干扰。CFO 可能需要经过调整后才能作为自由现金流计算的起点。

(二)自由现金流 VS 股利和各种利润

许多分析师对自由现金流估值模型比对股利折现模型有更强的偏好。尽管在理论上某一种模型相对于另一种模型并没有优势,但在应用自由现金流模型和 DDM 的过程中还是有理由偏好其中一种的。首先,许多公司支付非常低的或者完全不支付股利。使用 DDM 对这种公司估值很困难,因为要先预测股利开始发放的时间、初始股利水平和此后一个阶段或多个阶段的增长率。其次，股利的支付由公司的董事会权衡决定。因此，股利可能无法正确传递关于公司长期盈利能力的信号。某些公司支付的股利明显比自由现金流少得多，而另一些公司支付的则比自由现金流多得多。最后，如前文所述，股利是股东实际得到的现金流，而股权自由现金流是可以在不损害公司价值的情况下支付给股东的现金流。如果被分析的公司是收购的目标，那么自由现金流就是合适的方法；一旦公司被收购，新的所有者就可以对自由现金流的使用（包括以股利的形式进行分配）有决定权。

我们定义了 FCFF 和 FCFE 并阐述了两者的各种（等价的）计算方法。因此，读者知道 FCFF 或 FCFE 包括了什么，但可能不知道为什么不包括某些现金流。具体地说，股利、股票回购、股票发行或杠杆变化对 FCFF 和 FCFE 有什么影响？简单的答案是：没什么影响。回忆 FCFF 和 FCFE 的公式：

自由现金流（FCFF）＝ $EBITDA$（$1-$税率）＋ Dep（税率）$- FCInv - WCInv$

股权现金流（FCFE）＝ $FCFF - I(1-t) +$ 债务净增加（$Net\ borrowing$）

可以看到公式中不包括股利、股票回购和股票发行。这是因为 FCFF 和 FCFE 是投资者或股东可使用的现金流，股利和股票回购是这些现金流的使用。简单地说，企业及其股东之间的交易（现金股利、股票回购和股票发行）不会影响自由现金流。杠杆变动会有一些影响，如增加债务融资会增加利息税盾（因为利息可抵税而减少企业所得税）和减少股权投资者可使用的现金流。长期来看，当期的投资和融资决定会影响未来的自由现金流。

如果输入的数据是已知的并且具有一致性，那么 DDM 和 FCFE 模型会得到相同的股票估值结果。一种可能的情况是 FCFE 每年都等于现金股利，于是两种现金流都以股权要求回报率折现，得到相同的现值。

通常情况下，FCFE 和股利不等，但导致股利减少（增加）的经济因素也会导致 FCFE 减少（增加）。例如，一个快速成长的企业有很多好的投资机会，企业会保留大部分的盈利而支付很少的股利。这种企业会有大量的固定资本和营运资本投资，因此具有低 FCFE［可以从等式"股权现金流（$FCFE$）= $FCFF - I(1-t)$ + 债务净增加（$Net\ borrowing$）"明显看出］。反过来，一个投资相对较少的成熟企业可能会有高股利和高 FCFE。但除此之外，FCFE 和股利一般是不同的。

本书定义的 FCFF 和 FCFE 可用于企业或其股权估值的现金流衡量。课本、文章、供应商提供的上市公司财务数据库常常会出现其他的自由现金流定义。在许多情况下，这些自由现金流定义都不是以估值为目的的，因此不应该用于估值。在不清楚数据定义的情况下使用他人提供的数据会增加估值错误的可能性。作为研究成果的使用者和制作者，分析师应该理解（如果是使用者）或说明（如果是制作者）被使用的自由现金流的定义。

因为分析自由现金流需要相当多的理解和小心，所以有的从业者在现金流折现估值中会错误地使用各种利润——如 NI、EBIT、EBITDA 或 CFO。这种错误会导致从业者系统地高估或低估股票的价值。走捷径的代价可能很高。

（三）财务决策对自由现金流的影响

1. 股利支付、股票回购和股票发行

股利支付、股票回购和股票发行对 FCFF 和 FCFE 都没有影响。

从基于来源计算自由现金流的公式来看，股利支付、股票回购和股票发行不包含在自由现金流的计算公式中。

从基于用途计算自由现金流的公式来看，股利支付和股票回购使公司的现金流余额减少，但使得向股东的支付增加，两者相互抵销；股票发行则使得公司现金余额增加，向股东的支付减少，两者相互抵销。

2. 资本结构变化

公司资本结构的变化对 FCFF 没有影响。从基于来源计算自由现金流的公式来看，负债的增加不包含在 FCFF 的公式中；从基于用途计算自由现金流的公式来看，负债增加公司现金，减少向债务资本提供者的支付，两者相互抵销。

资本结构的变化对 FCFE 有影响。从基于来源计算股权自由现金流的公式来看，举债使得公司当年净融资增加，从而 FCFE 增加；而负债增加会增加公司未来的利息支出，从而降低后续期间的 FCFE。

七、自由现金流的意义

企业全部运营活动的现金"净产出"就形成"自由现金流"，自由现金流的经济意义在于"自由现金流"的多寡在一定程度上决定了一家企业的生死存亡。公司自由现金流是公司对投资者进行的所有现金分配的基础。股息、股票回购、利息支付和偿还债务的资金都来自这个现金流。一家企业长期不能产出"自由现金流"，最终将耗尽出资人提供的所有原始资本，并将走向破产。首先，当"自由现金流"充裕时，企业可以用"自由现金流"偿付利息、还本、分配股利或回购股票等。其次，"自由现金流"为负时，企业连利息费用都赚不回来，而只能动用尚未投入经营（含投资）活动的、剩余的出资人（股东、债权人）提供的原始资本（假定也没有以前年度"自由现金流"剩余）来偿付利息、还本、分配股利或进行股票回购等。最后，当剩余的出资提供的原始资本不足以偿付利息、还本、分配股利时，企业就只能靠"拆东墙补西墙"（借新债还旧债，或进行权益性再融资）来维持企业运转。当无"东墙"可拆时，企业资金链断裂，其最终结果只能是寻求被并购重组或申请破产。

自由现金流的决策意义在于，企业自由现金流量为正，意味着公司融资压力小，有发放现金股利、还旧债的能力。但意义也不一定都是正面的，自由现金流为正隐含着公司扩充过慢的信息。同时，自由现金流量并非越高越好，自由现金流量过高表明再投资率较低，盈余成长率较低。

如果企业自由现金流量为负,表明企业再投资率较高,盈余成长率较高,隐含公司可能扩充过快的信息。同时,公司自由现金流为负也意味着公司融资压力大,取得现金对于公司当前来说是最重要的,须小心地雷股;公司自由现金流为负也表明公司借债困难,财务创新的可能较大,公司可能会发行可转换债来减轻财务负担。

同时,通常企业正的FCFF也可以促进企业未来的发展:①正的自由现金流(FCFF)可以保留企业的现金,从而增加企业的现金和市场证券余额;②正的自由现金流(FCFF)可以使企业能够支付现金给债务资本提供者(即支付利息和偿还本金超过新增借款);③正的自由现金流(FCFF)可以使企业能够支付现金给股权资本提供者(即支付股利和/或回购股票超过新发行股票)。

第三节 自由现金流估值

自由现金流估值有两种不同的方法——FCFF 估值法和 FCFE 估值法。这两种估值模型的一般形式与股利贴现模型的一般形式相似。在 DDM 中，股票的价值等于从时点 1 到无限期预期股利按股权要求回报率折现的现值。

一、FCFF 的现值

FCFF 估计企业的价值等于未来 FCFF 按加权平均资本成本折现的现值：

$$企业价值 = \sum_{t=1}^{\infty} \frac{FCFF_t}{(1+WACC)^t}$$

因为 FCFF 是所有资本提供者可以得到的现金流，所以用加权平均资本成本（WACC）将 FCFF 进行折现。WACC 代表公司的整体风险，也即所有投资者（股东和债务人）对公司的平均期望收益率。

WACC 取决于现金流的风险。WACC 是债权和股权的加权平均（公司）税后要求回报率，其中的权重为各种资金来源（债权或股权）占所有资金来源的市值比例。如果分析师知道企业的目标资本结构且该结构与市场价值比例不同，那么分析师也可以用目标资本结构替代市值权重。

WACC 的公式为：

$$WACC = \frac{MV(债权)}{MV(债权) + MV(股权)} r_d (1 - 税率) + \frac{MV(股权)}{MV(债权) + MV(股权)}$$

式中，MV（债权）和 MV（股权）分别表示债务和（普通）股权的市场价值，而不是账面或会计价值。MV（债权）和 MV（股权）可按照以下内容确定：①按债权和股本的市场价值来确定；②参考可比公司的资本结构；③按照公司的目标资本结构来确定，而非当前的资本结构。

因为企业的资本结构（债务和股权的融资比例）可能会随着时间推移而改变，所以 WACC 也会随着时间推移而改变。此外，企业当期的资本结构还可能与它未来的结构有很大的不同。因为这些原因，分析师计算 WACC 时经常使用目标权重而不是当期的市场价值权重。这些目标权重反映了分析师和投资者对公司未来目标资本结构的预期。如果当期的权重不能反映企业正常的资本结构，目标权重就是计算 WACC 较好的近似值。

将 MV（债权）或 MV（股权）除以企业的总市场价值，可以分别得到债权和股权在企业总资本中所占的比例。这些比重之和为 1。WACC 的表达式为：债权和股权在当前市场条件下的税后要求回报率，分别乘以两者在企业融资中的比重。需要特别说明的是，这里讨论的"税后"仅指公司税。

债权的税前要求回报率（r_d 也即 Kd）乘以 1 减去边际公司税率（1 - 税率），是对税前比率 r_d 向下的调整，反映了企业利息费用可以税前扣除的假设。

R（即 Ke）表示公司的股权成本，可用资本资产定价模型（CAPM）来计算。因为假设股东分配不可以抵税，公司的税前和税后股权成本相同，不对 r 进行公司税率的调整是合适的。一般来说，使用公司的边际税率比用当期的有效税率（报告的所得税费用除以税前利润）更合适，因为有效税率可能受非经常性项目影响。基于边际税率的资本成本通常可以更好地反映公司未来的融资成本。

自由现金流（FCFF）用平均加权资本成本（WACC）得到的是企业所有资本的总价值。公式为：

$$股权价值 = 企业价值 - 债务的市场价值$$

将股权价值除以发行在外的股票数量就可以得到每股价值。

二、FCFE 的现值

股权的价值也可以用 $FCFE$ 按股权的要求回报率折现得到：

$$股权价值 = \sum_{t=1}^{\infty} \frac{FCFE_t}{(1+r)^t}$$

因为 $FCFE$ 是满足了其他所有支付要求后留给股东的现金流，所以用 $FCFE$ 按 R（即 Ke，股权要求回报率）折现可以得到企业股权的价值。股权总价值除以发行在外的股份数目就可以得到每股价值。

三、单阶段（稳定增长）FCFF 和 FCFE 模型

在 DDM 方法中，戈登（稳定或稳定增长）模型假设股利以固定比率增长。假设自由现金流以固定比率增长就可以得到单阶段（稳定增长）FCFF 和 FCFE 模型。

（一）稳定增长 FCFF 估值模型

假设 $FCFF$ 以固定比率 g 增长，那么每一期的 $FCFF$ 则为：

$$FCFF_t = FCFF_{t-1}(1+g)$$

如果 $FCFF$ 以固定比率增长，则：

$$企业价值 = \frac{FCFF_1}{WACC - g} = \frac{FCFF_0(1+g)}{WACC - g}$$

从企业的价值中减去债务的市场价值就能得到股权的价值。

例 9 – 5 卡加迪公司有 700 万瑞士法郎（CHF）的 FCFF 和 620 万瑞士法郎的 FCFE。卡加迪的税前债务成本为 5.7%，股权要求回报率为 11.8%。公司预期的目标资本结构包括 20% 的债务融资和 80% 的股权融资。税率为 33.3%，预计 FCFF 会以 5% 的速度永续增长。卡加迪公司的对外债务市值为 2200 万瑞士法郎，发行在外的股票数量为 200 万股。

(1) 卡加迪的加权平均资本成本是多少？

(2) 用 FCFF 估值法估计卡加迪的股权价值是多少？

(3) FCFF 方法估计的每股价值是多少？

问题（1）的解答：

$WACC = 0.20 \times 5.7\% \times (1 - 0.3333) + 0.80 \times 11.8\% = 10.2\%$

问题（2）的解答：卡加迪的公司价值等于 $FCFF$ 按 $WACC$ 折现的现值。如果 $FCFF$ 以 5% 的速度永续增长，那么：

$$公司价值 = (700 \times 1.05) / (0.102 - 0.05)$$
$$= 735/0.052 = 14134.6（万瑞士法郎）$$

计算股权价值公式为：

$$股权价值 = 14134.6 - 2200 = 11934.6（万瑞士法郎）$$

问题（3）的解答：将 11934.6 万瑞士法郎除以发行在外的股票数量可以得到每股价值 V_0 的估计值：

$$V_0 = 11934.6/200 = 59.67（瑞士法郎/股）$$

（二）稳定增长 FCFE 估值模型

如果 FCFF 以固定的比率增长，股权的价值为：

$$企业价值 = \frac{FCFE_1}{r-g} = \frac{FCFF_0(1+g)}{r-g}$$

折现率为股权要求回报率 r，需要注意的是，$FCFF$ 和 $FCFE$ 的增长率不需要相同，也经常不同。

第四节 现金流估值模型的应用

FCFF 法适用于：周期性较强的行业（拥有大量固定资产并且账面价值相对较为稳定）、银行、重组型公司。

FCFF 法不适用于：公司无平均正的盈余，如 IT 类公司目前处于早期阶段；不具备长期历史营运表现的公司，如成立不到三年的公司；缺乏类似的公司可作参考比较的公司；公司的价值主要来自非营运项目的公司。

如果企业的资本结构比较稳定，使用 FCFE 估计股权价值会比使用 FCFF 更直接和简单。但是在以下两种情况下，常常会选用 FCFF 模型。

（1）FCFE 小于零的杠杆企业。在这种情况下用 FCFF 估计股权价值可能最简单。分析师会将 FCFF 折现，得到经营资产的现值（加上超额现金、市场化证券和任何重要的非经营性资产得到企业的总价值），然后减去债务的市场价值，最后得到股权内在价值的估计。

（2）资本结构变化的杠杆企业。首先，如果用历史数据预测自由现金流的增长率，FCFF 的增长比 FCFE 的增长能更清楚地反映基本面因素的变化，而 FCFE 会受债务净额波动的影响。其次，在预测时，股权要求回报率可能比 WACC 对财务杠杆的变化更敏感，这将导致固定折现率变得不合理。

复习思考题

1. 如何从现金流分配的角度理解现金流贴现模型的不同?

2. FCFF 和 FCFE 两种估值模型可能会存在哪些局限性?

3. 某公司年初净投资资本为 6000 万元,预计今后每年可取得税前经营利润 600 万元,所得税税率为 25%,第一年的净投资为 150 万元,以后每年净投资为 0,加权平均资本成本为 10%,则企业整体价值为多少万元?

4. F 公司是一家商业企业,主要从事商品批发业务,该公司 2014 年实际和 2015 年预计主要财务数据如下表所示:

F 公司 2014 年实际和 2015 年预计主要财务数据　　　　单位:亿元

	2014 年实际	2015 年预计
利润表项目:		
一、销售收入	500	530
减:营业成本和费用(不含折旧)	380	400
折旧	25	30
二、息税前利润	95	100
减:财务费用	21	23
三、税前利润	74	77
减:所得税费用	14.8	15.4
四、净利润	59.2	61.6
资产负债表项目:		
流动资产	267	293
固定资产净值	265	281
资产总计	532	574
流动负债	210	222
长期借款	164	173
负债合计	374	395
股本	100	100
期末未分配利润	58	79
股东权益合计	158	179

续表

	2014 年实际	2015 年预计
负债及股东权益合计	532	574

其他资料如下：

（1）F 公司的全部资产均为经营性资产，流动负债均为经营性负债，长期负债均为金融性负债，财务费用全部为利息费用。估计债务价值时采用账面价值法。

（2）F 公司预计从 2016 年开始实体现金流量会以 6% 的年增长率稳定增长。

（3）加权平均资本成本为 12%。

（4）F 公司适用的企业所得税率为 20%。

计算 F 公司 2015 年的企业自由现金流量。

第十章

绝对估值法估值案例

　　绝对估值法的估值过程较为复杂，涉及较多的财务数据预测和参数计算调整。本章以上市公司比亚迪（002594）为例进行分析，案例撰写于2016年10月，数据来源于上市公司年报和Wind资讯，展现了基于财务数据的详细估值过程。

第一节 报告的基本格式

一份估值报告,包括定性分析部分和定量分析部分,在定性分析部分要收集整理公司的基本情况,遵循从宏观到微观的自上而下分析的思路,详细分析公司的基本情况,结合各类外部环境,对比行业内的可比公司,为定量计算部分的数据调整提供依据。定量分析部分则是将财务数据代入估值公式,并运用估值调整的原则,对相关数据进行调整,最终计算出企业的估值。以比亚迪为例,基本目录格式如下。

关于比亚迪的估值报告

一、比亚迪公司基本情况介绍

    (一)比亚迪公司概况与发展历程

    (二)比亚迪公司主营业务与所处行业分析

        1. 比亚迪公司主营业务构成

        2. 比亚迪公司所处行业分析

    (三)比亚迪公司财务状况介绍

        1. 利润表简析

        2. 资产负债表简析

        3. 财务指标简析

二、比亚迪公司竞争优势分析

    (一)比亚迪基于 PEST 分析法的外部环境分析

1. 政治环境分析
2. 经济环境分析
3. 社会环境分析
4. 技术环境分析

(二) 比亚迪基于波特五力模型的行业影响因素分析

1. 现有竞争者分析
2. 买方的议价能力
3. 供应商的议价能力
4. 潜在入侵者的威胁
5. 替代品的威胁

(三) 比亚迪其他因素分析

1. 产业链分析
2. 人力资源分析

三、比亚迪基于 EV/EBITDA 模型的估值分析

(一) 比亚迪 EBITDA 的选取

(二) EV/EBITDA 倍数的估计范围

(三) 比亚迪相对估值法的估值结论

四、比亚迪基于 FCFF 模型的估值分析

(一) 收益期的预测

(二) 自由现金流量的预测

1. 营业总收入的预测
2. 各会计科目的预测
3. 息前税后利润的预测
4. 资本性支出和净营运资金变动的预测
5. 企业自由现金流量（FCFF）的预测

(三) 加权平均资本成本的计算

1. 债务资本成本的计算

2. 股权资本成本的计算

3. 计算比亚迪的 WACC 值

(四) 比亚迪绝对估值法的估值结论

第二节 比亚迪的绝对估值案例

本节略去第一节目录里撰写的定性分析部分和相对估值法,只将篇幅放在绝对估值的定量计算部分。主要内容如下。

一、比亚迪公司财务状况介绍

(一) 利润表简析

比亚迪利润报表如表10-1所示。

表10-1 比亚迪(002594)利润报表　　　单位:万元

日期	2016-03-31	2015-12-31	2015-06-30	2014-12-31	2014-06-30	2013-12-31
报告期	第一季报	年报	中报	年报	中报	年报
一、营业收入	2028524.70	8000896.80	3158236.60	5819587.80	2671570.60	5286328.40
减:营业成本	1641955.40	6651355.90	2607575.00	4914388.60	2225381.70	4474555.50
营业税金及附加	30764.80	126732.60	66093.00	95743.50	46407.70	120353.40
销售费用	60233.20	286799.20	120113.00	222875.80	98581.40	201184.50
管理费用	129847.70	541506.00	230253.80	443027.10	192676.10	331472.70
财务费用	28603.70	144599.50	62864.40	138912.50	63703.60	116025.90
资产减值损失	23202.40	55164.80	16174.70	29388.40	10775.50	27230.30
投资收益	-5529.50	122857.70	-8933.90	6836.60	-718.50	-4840.80
其中:对联营企业和合营企业的投资收益	-5240.20	-24279.90	-9080.50	-12238.90	-1144.60	-4840.80

续表

日期	2016-03-31	2015-12-31	2015-06-30	2014-12-31	2014-06-30	2013-12-31
报告期	第一季报	年报	中报	年报	中报	年报
二、营业利润	108388.00	317596.50	46228.80	-17911.50	33326.10	10665.30
加:营业外收入	9647.50	70323.50	38904.80	111431.90	36277.30	77568.80
减:营业外支出	3182.50	8421.40	2079.80	6125.20	4710.30	5026.00
其中:非流动资产处置净损失	964.80	3605.10	376.30		1638.40	1144.80
三、利润总额	114853.00	379498.60	83053.80	87395.20	64893.10	83208.10
减:所得税	25088.40	65679.00	20634.20	13408.20	8734.90	5621.50
四、净利润	89764.60	313819.60	62419.60	73987.00	56158.20	77586.60
减:少数股东损益	4693.80	31475.50	15753.60	30634.50	20089.10	22280.70
归属于母公司所有者的净利润	85070.80	282344.10	46666.00	43352.50	36069.10	55305.90

资料来源：比亚迪2013年至2016年各期报告。

在四年的报告期内，比亚迪的总体营业收入呈稳步增长的态势，2015年集团实现营业收入约800亿元人民币，较上年同期增长37.48%；营业利润约为31亿元人民币，与2014年年报金额相比扭亏为盈；归属于上市公司股东的净利润约28亿元人民币，较上年同期增长551.28%。从2016年3月底比亚迪股份有限公司公布的季度报告可以看出，2010年以来的营业收入也得到了保障（见图10-1）。

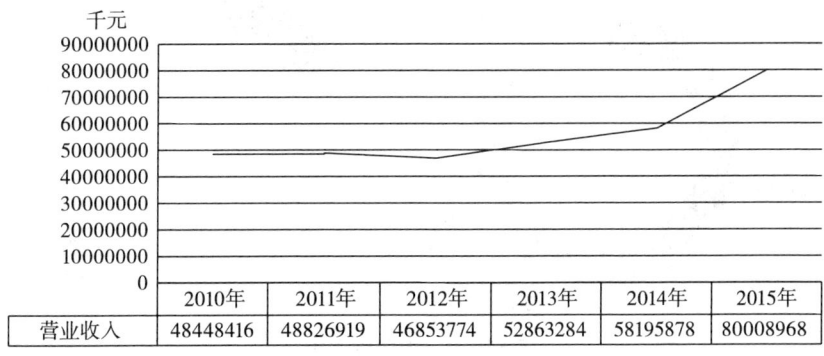

图10-1 营业收入走势

（二）资产负债表简析

观察 2015 年的年报，资产负债状况在一个合理的配置范围内，流动资产与非流动资产比重相当，负债也以流动负债为主，占比为 83%。不过货币资金较少，应收账款占比较大也是一个值得关注的问题（见表 10-2、图 10-2）。总体来看，比亚迪的总资产体现了其较强的抗风险能力。

表 10-2　资产负债表：项目百分比

项目	金额/万元	占比/%
资产总计	11548575.50	100.00
流动资产合计	5441166.60	47.12
货币资金	659642.60	5.71
应收账款	2151909.30	18.63
预付款项	22696.20	0.20
存货	1575055.00	13.64
非流动资产合计	6107408.90	52.88
固定资产	3236853.50	28.03
无形资产	879022.80	7.61
负债合计	7945651.40	68.80
流动负债合计	6611012.40	57.25
非流动负债合计	1334639.00	11.56
所有者权益合计	3602924.10	31.20

资料来源：比亚迪 2015 年报告。

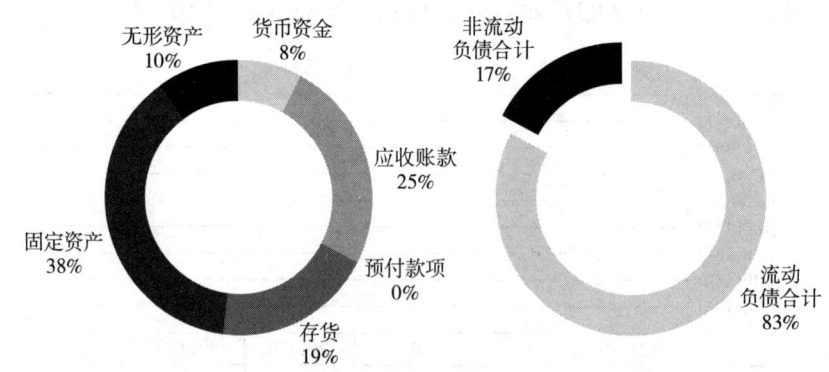

图 10-2　各项目占比

资料来源：比亚迪 2015 年报告。

(三) 财务指标简析

比亚迪财务指标如表10-3所示。

表10-3 比亚迪财务指标

日期	2016-03-31	2015-12-31	2015-06-30	2014-12-31	2014-06-30	2013-12-31	2013-06-30
偿债能力							
流动比率（次）	0.81	0.82	0.76	0.77	0.82	0.68	0.62
速动比率（次）	0.55	0.58	0.50	0.58	0.62	0.48	0.41
营运能力							
总资产周转率（次）	0.18	0.76	0.33	0.68	0.33	0.73	0.37
应收账款周转率（次）	0.92	4.54	2.21	5.43	2.71	7.58	4.00
存货周转天数（天）	88.36	69.63	80.17	66.66	70.11	62.62	65.50
盈利能力							
净资产收益率（%）	10.41	9.79	3.65	1.84	3.07	2.58	3.99
销售净利率（%）	4.43	3.92	1.98	1.27	2.10	1.47	2.06
销售毛利率（%）	19.06	16.87	17.44	15.55	16.70	15.36	15.90

资料来源：Wind资讯。

1. 偿债能力分析

一般来说，流动比率越高说明资产的流动性越强，短期的偿债能力越强；反之亦然。流动比率小于1，说明企业流动资产小于流动负债，企业的偿债能力较弱。但是由于各行业的经营性质不同，对资产的流动性的要求也不同，商业零售企业所需的流动资产往往要高于制造企业。速动比率为1时是安全边际，公司速动比率较低，说明企业速动资产小于流动负债，企业偿还短期负债需要动用存货、固定资产等长期资产。

通过查询得知，汽车行业的流动比率和速动比率的参考指标分别为1.1和0.85。虽然我们计算得出的比率低于行业标准，但是从时间序列来看，它的各项比率都有上升的趋势，说明比亚迪的偿债能力有所提升。

2. 营运能力分析

资产周转率是考察企业资产运营效率的一项重要指标，体现了企业经营期间全部资产从投入到产出的流转速度，反映了企业全部资产的管理质量及利用效率，可以显示企业与同类企业在资产利用上的差距，促进企业挖掘潜力、积极创收、提高产品市场占有率、提高资产利用效率。一般情况下，该数值越高，表明企业总资产周转速度越快，销售能力越强，资产利用效率越高。从表10-3中的数据可以看出，公司的资产周转率在近两年内变化较大但整体数值较低，有待进一步提高。

应收账款周转率越高，说明应收账款的变现能力越强，企业应收账款的管理水平越高。由于比亚迪在近两年来相继推出了几种类型的新能源汽车，其应收账款周转率的变化较大，符合公司实际情况。

存货的周转天数越少，存货周转次数越多，说明存货周转快，企业实现的利润会相应增加，企业的存货管理水平越高。不同的行业存货周转天数的标准也不尽相同，考虑到汽车制造业整个行业的存货流动性都比较低，因此比亚迪的存货周转天数也在情理之中。

综上所述，该公司的运营能力还是相当强的，但管理水平还有待提高。

3. 盈利能力分析

销售净利率越高，说明企业从销售收入中获取净利润的能力越强。ROE是衡量上市公司盈利能力的重要指标，该指标越高，说明投资带来的收益越高；ROE越低，说明企业所有者权益的获利能力越弱。该指标体现了自有资本获得净收益的能力。

表10-3中数据虽然显示出2013年下半年比亚迪在销售净利率及净资产收益率上比2013年上半年有小幅下降，但其实已经比2012年同期有了较大幅度上升，这与当时推出的新能源汽车"秦"有着密不可分的关系。因此我们可以预计，随着比亚迪新能源汽车的研发和上市，其销售净利率和ROE都会改善。

二、比亚迪基于 FCFF 模型的估值分析

报告所采用的估值模型如下：

$$EV = \sum_{t=1}^{n} \frac{FCFF_t}{(1+WACC)^t} + \frac{FCFF_{n+1}}{(WACC-g)(1+WACC)^n}$$

式中，EV 表示企业价值；$FCFF$ 表示企业自由现金流量；$WACC$ 表示加权平均资本成本；g 表示永续增长率；n 表示年数。

（一）收益期的预测

比亚迪股份有限公司于 2011 年 6 月在深圳上市。2011 年上市至今，其 5 年的平均营业收入增长率达到两位数，而 2015 年的营业收入同比增长率达到了 37.48%（见表 10-4）。比亚迪自发展新能源产业以来，一直致力于新兴行业的开拓，借力于"十三五"规划中利好的国家政策倾向，相信比亚迪集团未来的发展前景是十分良好的。故而其营业收入的增长率也将会保持高增长态势。2015 年，汽车制造业新能源汽车行业平均销售增长率成倍增长，而一般来说，高于行业正常水平的增长率会在 3~10 年内恢复到正常水平，因此我们选择预测期限为 8 年（即 $n=8$），之后我们预测比亚迪会进入一个平稳的永续增长期。通常来讲，在永续增长期内企业的营业收入增长率保持在与宏观经济增长率相当的水平，鉴于我国的 GDP 增速在逐年放缓，我们保守估计比亚迪集团的永续增长率为 2%（即 $g=2\%$）。

表 10-4 比亚迪历年营业收入

年份	2010	2011	2012	2013	2014	2015
营业收入/千元	48448416	48826919	46853774	52863284	58195878	80008968
营业收入增长率/%		0.78	-4.04	12.83	10.09	37.48

资料来源：比亚迪 2010—2015 年年报。

（二）自由现金流量的预测

由企业自由现金流量的定义可以得到：

企业自由现金流量 = 息税前利润（EBIT）× (1−t) + 折旧与摊销 −
　　　　　　　　　资本性支出 − 净营运资金变动

式中：息税前利润（EBIT）= 营业总收入 − 营业成本 −
　　　　　　　　　　　　　销售费用 − 管理费用 + 其他业务开支

资本性支出 = 当前其固定资产净值 − 上期固定资产净值

净营运资金变动 = 当期营运资金净值 − 上期营运资金净值

当期营运资金净值（NOWC）= 经营流动资产 − 经营流动负债
　　　　　　　　　　　　= (经营资金 + 应收账款 + 预付账款 +
　　　　　　　　　　　　　存货 + 其他流动资产) −
　　　　　　　　　　　　(应付账款 + 其他应付费用)

从上述公式可以看出，对 FCFF 的预测是以企业的息税前利润（EBIT）为起点的，而对 EBIT 的预测是以企业的当期营业总收入为基础的。

又因为企业绝大部分的财务数据都同营业总收入息息相关，对企业自由现金流量（FCFF）的预测以比亚迪未来 8 年的营业总收入的预测为起点。而后进一步推出营业成本、销售费用、管理费用和其他业务收支、经营流动资产、经营流动负债等指标在未来 8 年内的预测值。

表 10−5 为比亚迪集团 2011—2015 年各项会计科目的数据。

表 10−5　比亚迪各项会计科目历年数据　　单位：千元

年份	2011	2012	2013	2014	2015
营业收入	48826919	46853774	52863284	58195878	80008968
主营业务成本	40438789	40153064	44745555	49143886	66513559
销售费用	1799757	1511797	2011845	2228758	2867992
管理费用	3455516	3185007	3314727	4430271	5415060
其中:折旧和摊销	277937	3378214	3627030	4314847	5416617
财务费用	771296	(390883)	1160259	1389125	1445995
其他业务收支	317133	595097	725428	1053067	619021
货币资金	4048446	3683966	5378828	4453164	6596426
应收账款	5487732	6260279	7687422	13751929	21519093

续表

年份	2011	2012	2013	2014	2015
预付账款	598728	527974	326427	338611	226962
存货	6595797	7344833	8220552	9978317	15750550
其他流动资产	32500	0	555540	1988078	2492277
短期借款	10011122	8417755	12401503	12676440	19943800
应付账款	8832401	8714020	9258665	11323422	18581611
其他应付费用	1629189	1084859	1242754	1623653	1873266
固定资产	21532825	25776552	28138688	30014805	32368535
无形资产	5325171	6295490	7453757	8611261	8790228

资料来源：比亚迪2011—2015年年报。

（三）营业总收入的预测

要了解一家企业的营业总收入，首先应该关注该企业营业收入的构成。上文已经对此作了详尽分析，此处通过对其主营业务收入各组成部分未来发展趋势的预测，从而估计得到更准确的营业总收入增长率。

表10-6 比亚迪营业总收入构成　　　　　　单位：千元

年份	2011	2012	2013	2014	2015
营业收入					
交通运输设备	23902040	23517813	26346561	27089182	40655203
增长率		-1.61%	12.03%	2.82%	50.08%
日用电子器件	19972410	17274277	19546955	24211820	33262988
电子元器件	4952470	4697975	5040880	4992161	6080075
合计	48826919	46853774	52863284	58195878	80008968
收入构成					
交通运输设备	48.95%	50.19%	49.84%	46.55%	50.81%
日用电子器件	40.90%	36.87%	36.98%	41.60%	41.57%
电子元器件	10.14%	10.03%	9.54%	8.58%	7.60%
合计	100%	100%	100%	100%	100%

资料来源：比亚迪2011—2015年年报。

根据表10-6中的数据，交通运输设备是比亚迪的主营业务收入，其销售收入占总营业收入的比重达到50%左右。从其年报可以看出，国内市场是比亚迪主营业务收入的主要贡献地区，其中电动汽车的销售为其占领市场做出了巨大贡献。自2013年比亚迪加大对新能源汽车的推广之后，其增长势头迅猛，在新能源汽车领域销量稳居前端，加之国家政策对新能源汽车的大力推广，相信其营业收入的增长率也会保持高增长的态势。因此，比亚迪2016—2023年的营业总收入的预测值及增长率如表10-7所示。

表10-7　比亚迪营业收入预测值及增长率

年份	2016E	2017E	2018E	2019E	2020E	2021E	2022E	2023E
营业收入增长率	20%	22%	24%	26%	24%	20%	18%	16%
营业收入预测值/千元	96010762	97610941	99211120	100811300	99211120	96010762	94410582	92810403

（四）各会计科目的预测

因为企业绝大部分的财务数据都同营业总收入息息相关，故而在对未来8年的营业总收入进行预测之后，我们根据各会计科目的历史数据，计算得出2011—2015年比亚迪集团的营业成本、销售费用、管理费用等各指标占历年营业收入的比重，如表10-8所示。

表10-8　比亚迪各会计科目占营业收入比重的历年数据　　　　（%）

年份	2011	2012	2013	2014	2015
营业收入增长率	0.78	-4.04	12.83	10.09	37.48
主营业务成本/营业收入	80.86	82.82	85.70	84.64	84.45
销售费用/营业收入	4.49	3.69	3.23	3.81	3.83
管理费用/营业收入	6.82	7.08	6.80	6.27	7.61
其中：折旧和摊销	0.48	0.57	7.21	6.86	7.41
财务费用/营业收入	0.76	1.58	-0.83	2.19	2.39
其他业务收支/营业收入	0.77	0.65	1.27	1.37	1.81
货币资金/营业收入	4.11	8.29	7.86	10.17	7.65
应收账款/营业收入	11.14	11.24	13.36	14.54	23.63
预付账款/营业收入	1.26	1.23	1.13	0.62	0.58

续表

年份	2011	2012	2013	2014	2015
存货/营业收入	13.49	13.51	15.68	15.55	17.15
其他流动资产/营业收入	0.00	0.07	0.00	1.05	3.42
短期借款/营业收入	20.22	20.50	17.97	23.46	21.78
应付账款/营业收入	14.57	18.09	18.60	17.51	19.46
其他应付费用/营业收入	2.57	3.34	2.32	2.35	2.79
固定资产/营业收入	36.07	44.10	55.01	53.23	51.58
无形资产/营业收入	10.11	10.91	13.44	14.10	14.80

在排除个别特殊年份数据对比例的影响之后，通过计算平均值、估计取整，并进行微调后，可以得到未来8年内各指标占营业收入的比重（见表10-9）。

表10-9 比亚迪各会计科目占营业收入比重的预测值 （%）

年份	2016E	2017E	2018E	2019E	2020E	2021E	2022E	2023E
营业收入增长率	20	22	24	26	24	20	18	16
主营业务成本/营业收入	83.50	83.50	83.50	83.50	83.50	83.50	83.50	83.50
销售费用/营业收入	3.80	3.80	3.80	3.80	3.80	3.80	3.80	3.80
管理费用/营业收入	6.90	6.90	6.90	6.90	6.90	6.90	6.90	6.90
其中：折旧和摊销	29.50	29.50	29.50	29.50	29.50	29.50	29.50	29.50
财务费用/营业收入	1.20	1.20	1.20	1.20	1.20	1.20	1.20	1.20
其他业务收支/营业收入	1.10	1.10	1.10	1.10	1.10	1.10	1.10	1.10
货币资金/营业收入	7.60	7.60	7.60	7.60	7.60	7.60	7.60	7.60
应收账款/营业收入	14.50	14.50	14.50	14.50	14.50	14.50	14.50	14.50

续表

年份	2016E	2017E	2018E	2019E	2020E	2021E	2022E	2023E
预付账款/营业收入	1	1	1	1	1	1	1	1
存货/营业收入	15	15	15	15	15	15	15	15
其他流动资产/营业收入	0.80	0.80	0.80	0.80	0.80	0.80	0.80	0.80
短期借款/营业收入	20.80	20.80	20.80	20.80	20.80	20.80	20.80	20.80
应付账款/营业收入	17.60	17.60	17.60	17.60	17.60	17.60	17.60	17.60
其他应付费用/营业收入	2.60	2.60	2.60	2.60	2.60	2.60	2.60	2.60
固定资产/营业收入	50	50	50	50	50	50	50	50
无形资产/营业收入	13	13	13	13	13	13	13	13

根据上述分析计算，预测比亚迪的营业收入、营业成本、销售费用、管理费用等各会计科目指标未来8年内的数额，得到表10-10。

表 10-10 比亚迪各会计科目的预测值

单位：千元

年份	2016E	2017E	2018E	2019E	2020E	2021E	2022E	2023E
营业收入	96010762	97610941	99211120	100811300	99211120	96010762	94410582	92810403
主营业务成本	80168986	81505136	82841285	84177435	82841285	80168986	78832836	77496686
销售费用	3648409	3709216	3770023	3830829	3770023	3648409	3587602	3526795
管理费用	6624743	6735155	6845567	6955980	6845567	6624743	6514330	6403918
其中:折旧和摊销	28323175	28795228	29267280	29739333	29267280	28323175	27851122	27379069
财务费用	1152129	1171331	1190533	1209736	1190533	1152129	1132927	1113725
其他业务收支	1056118	1073720	1091322	1108924	1091322	1056118	1038516	1020914
货币资金	7296818	7418432	7540045	7661659	7540045	7296818	7175204	7053591
应收账款	13921560	14153586	14385612	14617638	14385612	13921560	13689534	13457508
预付账款	960108	976109	992111	1008113	992111	960108	944106	928104
存货	14401614	14641641	14881668	15121695	14881668	14401614	14161587	13921560
其他流动资产	768086	780888	793689	806490	793689	768086	755285	742483
短期借款	19970238	20303076	20635913	20968750	20635913	19970238	19637401	19304564
应付账款	16897894	17179526	17461157	17742789	17461157	16897894	16616262	16334631
其他应付费用	2496280	2537884	2579489	2621094	2579489	2496280	2454675	2413070
固定资产	48005381	48805470	49605560	50405650	49605560	48005381	47205291	46405201
无形资产	12481399	12689422	12897446	13105469	12897446	12481399	12273376	12065352

(五) 息前税后利润的预测

根据会计准则，所得税税率为25%（即 $t=25\%$）。比亚迪息前税后利润的预测值如表10-11所示。

表10-11 比亚迪息前税后利润的预测值

单位：千元

年份	2016E	2017E	2018E	2019E	2020E	2021E	2022E	2023E
营业收入	96010762	97610941	99211120	100811300	99211120	96010762	94410582	92810403
减:业务成本	80168986	81505136	82841285	84177435	82841285	80168986	78832836	77496686
销售费用	3648409	3709216	3770023	3830829	3770023	3648409	3587602	3526795
管理费用	6624743	6735155	6845567	6955980	6845567	6624743	6514330	6403918
其他业务收支	1056118	1073720	1091322	1108924	1091322	1056118	1038516	1020914
息税前利润	6624743	6735155	6845567	6955980	6845567	6624743	6514330	6403918
减:所得税	1656186	1683789	1711392	1738995	1711392	1656186	1628583	1600979
息前税后利润	4968557	5051366	5134175	5216985	5134175	4968557	4885748	4802938

(六) 资本性支出和净营运资金变动的预测

营运资金净值（NOWC）＝经营流动资产－经营流动负债

＝（经营资金＋应收账款＋预付账款＋存货＋其他流动资产）－（应付账款＋其他应付费用）

净营运资金变动＝当期营运资金净值－上期营运资金净值

资本性支出＝当期固定资产净值－上期固定资产净值

经营资金是指企业在经营活动中对现金的需求，并非企业全部的货币资金。一般来讲，企业并不会透露经营资金的数额。为了估计经营资金数额，本书参考大多公司的现金余额与销售额的比值，按经营资金为营业收入的15%进行估计（见表10-12）。

表10-12 比亚迪资本性支出和净营运资金变动的预测值

单位：千元

年份	2016E	2017E	2018E	2019E	2020E	2021E	2022E	2023E
经营资金				经营流动资产				
经营资金	14401614	14641641	14881668	15121695	14881668	14401614	14161587	13921560
应收账款	13921560	14153586	14385612	14617638	14385612	13921560	13689534	13457508
预付账款	960108	976109	992111	1008113	992111	960108	944106	928104
存货	14401614	14641641	14881668	15121695	14881668	14401614	14161587	13921560
其他流动资产	768086	780888	793689	806490	793689	768086	755285	742483
合计	44452983	45193866	45934749	46675632	45934749	44452983	43712100	42971217
				经营流动负债				
短期借款	19970238	20303076	20635913	20968750	20635913	19970238	19637401	19304564
应付账款	16897894	17179526	17461157	17742789	17461157	16897894	16616262	16334631
其他应付费用	2496280	2537884	2579489	2621094	2579489	2496280	2454675	2413070
合计	39364412	40020486	40676559	41332633	40676559	39364412	38708339	38052265
运营资金净值	5088570	5173380	5258189	5342999	5258189	5088570	5003761	4918951
净营运资金变动	-6502980	84810	84810	84810	-84810	-169619	-84810	-84810
固定资产	48005381	48805470	49605560	50405650	49605560	48005381	47205291	46405201
折旧	28323175	28795228	29267280	29739333	29267280	28323175	27851122	27379069
固定资产净值	19682206	20010243	20338280	20666316	20338280	19682206	19354169	19026133
资本性支出	-7269712	328037	328037	328037	-328037	-656074	-328037	-328037

（七）企业自由现金流量（FCFF）的预测

企业自由现金流量（FCFF）＝息前税后利润＋折旧与摊销－资本性支出－净营运资金变动

比亚迪自由现金流量的预测值如表10-13所示。

表10-13 比亚迪集团自由现金流量的预测值

单位：千元

年份	2016E	2017E	2018E	2019E	2020E	2021E	2022E	2023E
息前税后利润	4968557	5051366	5134175	5216985	5134175	4968557	4885748	4802938
加:折旧与摊销	28323175	28795228	29267280	29739333	29267280	28323175	27851122	27379069
减:净营运资金变动	-6502980	84810	84810	84810	-84810	-169619	-84810	-84810
资本性支出	-7269712	328037	328037	328037	-328037	-656074	-328037	-328037
企业自由现金流量	47064423	33433748	33988610	34543472	34814302	34117424	33149716	32594853

三、加权平均资本成本的计算

(一) 债务资本成本的计算

在计算债务资本成本前,应首先明确比亚迪短期借款和长期借款的比重,其次以此为权重结合最新的贷款基准利率进行计算。通过分析2013—2015年比亚迪年报可知,公司短期借款的平均金额为150亿元,长期借款的平均金额为58亿元,两者的权重分别为72.1%和27.9%。根据2016年5月27日央行存贷款基准利率数据,6个月至1年(含1年)的贷款利率为4.35%;而1~5年(不含1年)的贷款利率为4.75%,5年以上贷款利率为4.9%,本书取其平均值4.825%作为长期借款的成本。

因此,比亚迪的债务资本成本为:

$$K_d = 4.35\% \times 72.1\% + 4.825\% \times 27.9\% = 4.48\%$$

(二) 股权资本成本的计算

本书采用价值评估理论中的经典方法资本资产定价模型(CAPM)对比亚迪的股权资本成本进行计算,具体步骤如下。

1. 无风险利率的选择

我国宏观经济下行压力较大,使得市场对宽松的货币政策的预期升温,而央行在2014年11月的降息以及2015年2月的降存准动作很可能只是开端,在这种大背景下,五年期的凭证式国债能够较好地抵御未来利率下行的风险。同时,中长期政府债券的投资和违约风险很低也符合无风险利率的要求。因此,本书选择2016年5月10日公示的五年期凭证式国债利率4.32%作为无风险利率。

2. 市场收益率的计算

一般情况下,应使用证券市场指数的历史回报率作为市场收益率,但由于我国A股市场受政策影响较大,市场投机气氛浓重,使得市场波动性巨大,在这种情况下市场收益率的计算取决于历史时段的选择。出于客观性和准确性考虑,本书选取深证成份指数自基准日以来的年化收益率 12.09%、上证综合指数自基准日以来的年化收益率 14.27%、中证全指指数近五年的年化收益率 5.22%,取其均值 10.53%,最终得到市场收益率的值为 10.53%。

3. β 值的估算

以日为计算周期,时间范围选取 2014 年 6 月 30 日至 2016 年 5 月 27 日,将比亚迪与深证成指关联,观察指数的波动对公司股价的影响,从而得到比亚迪股价相对于深证成指的 β 值为 0.97(见图 10-3)。

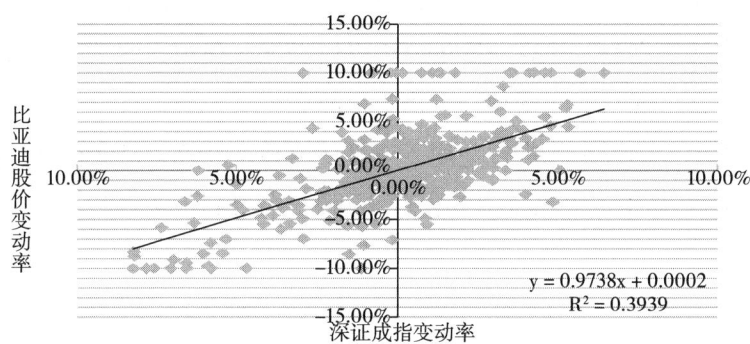

图 10-3 β 值的线性回归分析

资料来源:Wind 资讯。

综上所述,比亚迪的股权资本成本为:

$$K_e = r_f + \beta \times (r_m - r_f) = 4.32\% + 0.97 \times (10.53\% - 4.32\%) = 10.37\%$$

(三)计算比亚迪的 WACC 值

在计算 WACC 值之前应首先明确公司的目标资本结构。笔者认为目标资本结构的确定应尽量以债务资本和股权资本的市场价值为基础,而不应简单地使用账面价值,主要原因在于每种投资资本的权重应与资本成本的性质相一致,资本成本反映的是每种投资资本在现时市场状况下所面临的风险水平,是公司在现时的市场条件下进行融资的实际成本。因此,在具体实践中,本书以 2016 年 5 月 27 日比亚迪收盘价

58.73 元乘以发行的普通股股数 24.76 亿股,得到股权市场价值为 1454.15 亿元。另外,取 2013—2015 年资产负债表中负债的同比增长率的平均值 21.34%。2015 年年底比亚迪债务资本的账面价值为 753.22 亿元,据此推测出 2016 年的债务资本的目标价值为 913.96 亿元,从而得到比亚迪的目标股权比例为 61.4%,目标债权比例为 38.6%。

最终比亚迪的 WACC 值为 7.66% [38.6% ×4.48% × (1 − 25%) + 61.4% ×10.37%]。

四、比亚迪绝对估值法的估值结论

在上文预测和假设的基础上,对比亚迪公司的自由现金流以及加权平均资本成本进行了计算。通过分析可以发现,在预测期最后阶段,比亚迪公司自由现金流的变动趋于稳定,故而本书对公司自由现金流的连续价值采用永续增长法进行预测。通过估值模型计算,最终得到比亚迪的企业价值(EV)为 4956.19 亿元(见表 10 − 14)。

表10-14 比亚迪自由现金流折现模型

单位：千元

	年份	2016E	2017E	2018E	2019E	2020E	2021E	2022E	2023E
第一阶段				预测期现金流折现					
	FCFF	47064423	33433748	33988610	34543472	34814302	34117424	33149716	32594853
	FCFF增长率		-28.96%	1.66%	1.63%	0.78%	-2.00%	-2.84%	-1.67%
	WACC				8.70%				
	现值系数（Ke）	1	0.9061	0.821	0.7438	0.674	0.6107	0.5533	0.5013
	现值系数（WACC）	1	0.9199	0.8463	0.7785	0.7162	0.6588	0.6061	0.5575
	FCFF现值	47064423	30756540	28763268	26892007	24932587	22476997	20090664	18172552
	FCFF现值之和	219149039.95							
第二阶段		终值计算与折现							
	永续增长率（g）	2.00%							
	永续价值现值	276470414.72							
	企业价值（EV）	495619454.67							
	加：非核心资产	3089564.00							
	减：带息债务	31173701.00							
	减：少数股东权益	3734837.00							
	股权价值	463800480.67							
	总股本（万股）	247600.00							
	每股价值（元）	187.32							

得到企业价值后,还需要通过价值恒等式的一般形式将其转换为股权价值。即:企业价值+非核心资产价值+现金=融资性付息债务+少数股权价值+股权价值。经计算,公司的内含股权价值为4638亿元。按照已发行的普通股总数24.76亿股计算,比亚迪的每股价值为187.32元。

由于加权平均资本成本的计算和永续增长率的预测对公司的内在价值的评估影响很大,根据谨慎性原则,本书对次关键因素进行双变量敏感性分析。预计WACC值在5.40%至14.02%范围内波动为大概率事件,永续增长率会稳定在1.24%到3.22%。根据以上假设,最终得到比亚迪未来每股内在价值的大概率区间为115.02元到305.57元(见表10-15)。

表10-15 WACC与永续增长率的双变量敏感性分析

WACC	永续增长率/g								
	1.24	1.37	1.50	1.65	1.82	2.00	2.20	2.42	2.66	2.93	3.22
5.40	305.57	312.66	320.98	330.83	342.62	356.91	374.51	396.58	424.96	462.57	514.55
5.95	271.74	277.1	283.35	290.69	299.38	309.77	322.37	337.88	357.34	382.36	415.52
6.54	242.48	246.56	251.27	256.77	263.22	270.85	279.99	291.07	304.7	321.81	343.8
7.19	217.02	220.13	223.71	227.84	232.66	238.31	245	253	262.71	274.66	289.65
7.91	194.77	197.14	199.85	202.98	206.59	210.79	215.73	221.57	228.56	237.04	247.48
8.70	175.23	177.04	179.1	181.46	184.18	187.32	190.98	195.27	200.36	206.44	213.82
9.57	158	159.38	160.95	162.73	164.78	167.13	169.86	173.03	176.75	181.15	186.43
10.53	142.75	143.81	145	146.35	147.89	149.66	151.69	154.04	156.77	159.98	163.79
11.59	129.22	130.02	130.93	131.95	133.11	134.44	135.95	137.7	139.71	142.06	144.82
12.74	117.18	117.79	118.47	119.24	120.12	121.11	122.24	123.54	125.03	126.75	128.76
14.02	106.43	106.89	107.41	107.99	108.64	109.39	110.23	111.19	112.29	113.56	115.02

复习思考题

1. 简述估值分析报告的要点内容。
2. 请选择一家公司进行实际案例分析并撰写一份估值报告。
3. 你能举出一些获取行业和公司数据的来源或渠道吗?
4. 选择一个公司训练一下报告中绝对估值的财务预测部分。

第十一章

相对估值法估值案例

对比绝对估值法的烦琐计算，相对估值法的计算则要简单得多。相对估值法是在定性分析的基础上，对比同行业内的可比公司，对估值系数进行调整，之后，结合预测的未来财务数据进行估值测算。相对估值法计算得出的结果和市场较为贴近，但由于受到选择可比公司因素的影响，其严谨性和准确性通常要低于绝对估值法。本章选择市销率和EV/EBITDA两种相对估值法进行估值案例展示。

第一节　长城汽车的市销率估值案例

许多分析者认为市销率估值是一种比市盈率估值更能准确反映企业真实价值的方法,这一方法在企业利润受到调节或者企业短期无法产生盈利的时候,仍然能够使用。因而本节选用了长城汽车的案例进行市销率估值。

一、长城汽车简介与经营情况分析

(一) 长城汽车简介

长城汽车股份有限公司(以下简称"长城汽车")是全球知名的SUV、皮卡制造商,于2003年、2011年分别在香港H股和国内A股上市,截至2019年年底资产总额达1130.96亿元。旗下拥有哈弗、WEY、欧拉和长城皮卡四个整车品牌,产品涵盖SUV、轿车、皮卡三大品类,具备发动机、变速器等核心零部件的自主配套能力,下属控股子公司80余家,员工近6万人。

(二) 长城汽车经营情况分析

1. 长城汽车的主要业务

长城汽车是中国最大的SUV制造企业之一。旗下拥有哈弗、WEY、长城皮卡、欧拉四个品牌,并与宝马合作成立了合资公司光束汽车有限公司，产品涵盖SUV、轿车、皮卡三大品类，以及相关主要汽车零部件的生产及供应。

2. 长城汽车的经营模式

长城汽车通过聚焦SUV品类，打造细分市场领先优势，巩固长城汽车在SUV市场的地位，并致力于建立完善的研供产销体系。在研发环节，公司发布"GTO全域智慧生态战略"，构建智慧出行生态圈；在零部件采购环节，长城汽车目前已设立蜂巢易创、精工汽车、诺博汽车、曼德电子电器四个零部件供应商；在生产布局方面，长城汽车搭建了"9+5"全球化生产布局，国内已集中形成华北、华东、华南三大整车生产区域，在国际上，俄罗斯图拉工厂成为长城汽车进军欧洲市场的桥头堡，并连接厄瓜多尔、马来西亚、突尼斯等KD工厂共同支撑起海外市场的发展。在营销领域，长城汽车在全球60多个国家建立了营销网络，海外营销网络已超过500家。

3. 长城汽车的核心竞争力

长城汽车的核心竞争力包括以下几个方面。第一，公平、公正的特色文化。第二，良好的品牌优势。第三，精益求精的产品质量。第四，垂直整合的产业集群。第五，精准的研发体系。此外，长城汽车通过跨界融合、协同等方式，引入了BAT、华为、高通等战略合作伙伴。

4. 长城汽车的经营环境

2019年全球经济贸易增速显著放缓，主要经济体增速普遍回落。2019年国内生产总值（GDP）达到99.1万亿元人民币，同比增长6.1%。2019年我国汽车行业在转型升级过程中，受中美经贸摩擦、环保标准切换、新能源补贴退坡等因素的影响，承受了较大压力。

5. 长城汽车的产品

在严峻的市场环境下，2019年实现销量超百万辆，实现销量同比增长1.43%（见表11-1）。

表 11-1　长城汽车产销量　　　　　　　　　　　　　单位：辆

车型类别	销量			产量		
	2019年累计	2018年累计	同比增减	2019年累计	2018年累计	同比增减
皮卡	164861	146244	12.73%	170675	143679	18.79%
SUV	852256	884068	-3.60%	870655	869783	0.10%
轿车（新能源）	41531	13395	210.05%	45439	13956	225.59%
合计	1058648	1043707	1.43%	1086769	1027418	5.78%

具体而言：

皮卡系列。根据中国汽车工业协会数据，长城汽车的皮卡已连续22年稳居中国皮卡销量榜第一，市场领导地位稳固。

SUV系列。哈弗品牌方面，实现哈弗SUV连续10年蝉联中国SUV销量冠军。WEY品牌方面，年度内推出VV7GT、VV7PHEV及VV7GTPHEV等车型。

新能源汽车系列。长城汽车欧拉品牌创新营销模式，2019年销量保持快速增长，其中欧拉R1实现在A00级新能源细分市场销量增速第一。

6. 长城汽车的研发能力

长城汽车拥有国际一流的研发设备和体系，具备SUV、轿车、皮卡三大系列以及动力总成的开发设计能力，并且与宝马公司合资成立光束汽车公司，这一合作进一步推动了长城汽车的研发能力升级。

此外，2019年1—12月，长城汽车连续推出包括哈弗H6Coupe智联版、欧拉R1女神版、2020款哈弗F7等在内的11款新产品，推出新产品的速度行业领先，也是其具有较强研发能力的体现。

7. 长城汽车的市场地位

2019年，长城汽车总销量排名第8。哈弗SUV持续领跑国内SUV市场，连续10次夺得中国SUV市场年度销量冠军。WEY成为首个销量达30万辆的中国豪华品牌；欧拉品牌主力热销车型欧拉R1，实现在新能源 A00 级细分市场销量增速第一；长城皮卡连续 22 年保持销量第一。

（三）汽车行业整体情况

根据中国汽车工业协会数据，中国汽车行业整体情况如下：

第一，汽车产销量降幅增大。受中美经贸摩擦、环保标准切换、新能源补贴退坡等因素的影响，2019 年，汽车产销分别完成 2572.1 万辆和 2576.9 万辆，同比分别下降 7.5% 和 8.2%。

第二，乘用车品类整体降幅进一步扩大，未来竞争将受到严峻挑战。2019 年，乘用车产销分别完成 2136.0 万辆和 2144.4 万辆，同比分别下降 9.2% 和 9.6%，轿车、SUV、MPV、交叉型乘用车销量均出现下滑。

第三，新能源汽车结束高速增长势头。2019 年，新能源汽车产销分别完成 124.2 万辆和 120.6 万辆，同比分别下降 2.3% 和 4.0%。受补贴退坡影响，呈下降态势。

第四，汽车出口增速减缓。2019 年，汽车出口 102.4 万辆，同比下降 1.6%。其中乘用车出口 72.5 万辆，同比下降 4.3%。

（四）长城汽车可能面临的风险

1. 整个汽车行业的风险

第一，中国的车市进入调整期，目前呈现出供过于求的状态，可能会导致部分车企被淘汰。第二，伴随车联网技术的成熟，传统 4S 店模式的盈利能力削弱。第三，"智能化""互联化""清洁化""共享化"已成为汽车行业公认的未来趋势，需要重建汽车企业的研发体系，也会颠覆汽车企业的创新思维和产品理念。第四，受疫情影响，全球汽车产业链存在资金链断裂风险。

2. 长城汽车面临的主要风险

长城汽车虽然各方面表现都很优秀，但是依然面临着整个汽车行业的风险。此外，对于长城汽车而言，长城汽车新能源品牌处于拓展期，产品及技术各方面处于布局阶段，竞争力不足，油耗积分及运营成本面临巨大压力；此外，随着特斯拉上海工厂投产，面对特斯拉等外资企业的降价打击，根据目前的国家政策和新能源汽车的发展方向，长城汽车在新能源板块的风险会进一步加大。

由于新能源汽车是汽车行业的未来发展方向，在进行估值时，针对长城汽车存在的新能源板块的风险，需要特别考虑。

二、估值

由于本次估值报告写作时，长城汽车2020年年度报告尚未公布，估值时点选择为2019年12月31日。

（一）市销率计算

市销率 = 每股市价/每股销售收入 = 总市值/营业收入

2019年12月31日长城汽车的每股市价为10.54元，营业收入总额为962.1亿元，股本为91.27亿股。

所以：

每股销售收入 = 962.1/91.27 = 10.54（元/股）

实际市销率 = 8.85/10.54 = 0.84

（二）可比公司选取

长城汽车在国内已经是普通老百姓熟知的品牌，其总市值、净资产和净利润都排名汽车行业前列。因此选择与长城汽车同行业的上汽集团、长安汽车、广汽集团、东风汽车、比亚迪、福田汽车、金龙汽车、渤海汽车、江铃汽车、江淮汽车10家汽车公司作为可比公司（见表11-2）。

表11-2 可比公司市销率计算

	公司名称	营业收入/亿元	股本/亿股	每股销售收入/亿元	每股股价/元	市销率/倍
目标公司	长城汽车	962.1	91.27	10.54	8.85	0.84

续表

	公司名称	营业收入/亿元	股本/亿股	每股销售收入/亿元	每股股价/元	市销率/倍
可比公司	上汽集团	8433	116.8	72.20	23.85	0.33
	长安汽车	706	48.03	14.70	10.03	0.68
	广汽集团	597	102.4	5.83	11.69	2.01
	东风汽车	135.2	20	6.76	4.58	0.68
	比亚迪	1277	27.28	46.81	47.69	1.02
	江淮汽车	1440	31.53	45.67	25.99	0.57
	福田汽车	469.7	65.75	7.14	1.95	0.27
	金龙汽车	178.9	6.067	29.49	7.02	0.24
	渤海汽车	49.18	9.505	5.17	3.19	0.62
	江铃汽车	291.7	8.63	33.80	13.8	0.41

可比公司的平均市销率 = （0.33 + 0.68 + 2.01 + 0.68 + 1.02 + 0.57 + 0.27 + 0.24 + 0.62 + 0.41）/10 = 0.68

（三）调整长城汽车市销率

评估时点的长城汽车市销率高于可比公司平均值。且根据本节第一部分（长城汽车简介与经营情况分析），长城汽车在研发、生产、供应、品牌价值、市场地位、经营模式等方面都有着不错的优势，应该将市盈率合理调高。但是，如上文所示，长城汽车在新能源板块劣势明显，面临着较高风险，应该对长城汽车市盈率给予合理调低。

基于上述分析，长城汽车市盈率调整为0.85。

（四）市销率估值结果

长城汽车的每股股价 = 0.85 × 10.54 = 8.96（元），公司总市值 = 8.96 × 91.27 = 817.78（亿元）

第二节 比亚迪的 EV/EBITDA 估值案例

EV/EBITDA 的估值思路类似于市盈率估值，PE 和 EV/EBITDA 反映的都是市场价值和收益指标间的比例关系，只不过 PE 是从股东的角度出发，而 EV/EBITDA 则是从全体投资人的角度出发，且 EV/EBITDA 适用于更多的企业范围，本节以比亚迪 2016 年的情况为例进行展示。

一、比亚迪 EBITDA 的选取

根据公司 2011—2015 年的年报，计算出近 5 年各年的 EBITDA（见表 11-3），并分别赋予其 5%、10%、20%、30%、35% 的权重，得到加权平均值约 74.19 亿元。根据其各年的 EBITDA 增长率，预计其 2016 年的增长率为 40%，得到 2016 年的预计值为 150.23 亿元。本书将以 2015 年的 EBITDA 数值 107.31 亿元为主，在下文中进行比亚迪企业价值的评估。

表 11-3　比亚迪历年 EBITDA 及其加权平均值　　　单位：千元

年份	2011	2012	2013	2014	2015
净利润	1595076	212890	775866	739870	3138196
所得税	132408	77835	56215	134082	656790
固定资产折旧	0	3019857	3209045	3703736	4485620
无形资产摊销	245562	339472	417985	611111	930997

续表

年份	2011	2012	2013	2014	2015
长期待摊费用摊销	32375	18885	0	0	0
偿付利息所支付的现金（财务费用）	742262	862439	1017318	1396828	1517003
EBITDA	2749694	4533390	5478442	6587641	10730621
EBITDA 增长率		64.87%	20.85%	20.25%	62.89%
权重	5.00%	10.00%	20.00%	30.00%	35.00%
合计					7418521.75

资料来源：公司 2011—2015 年年报。

二、EV/EBITDA 倍数的估计范围

参照 Wind 汽车行业四级已有的 EV/EBITDA 的倍数对比亚迪的估值倍数进行相应的调整。如表 11-4 所示，比亚迪（002594）现有的倍数在 19.55，比亚迪股份（1211）现有的倍数为 21.96；沪、深两所符合搜索条件的公司共有 29 家，其中位值在 16.51，最高值达到 330.69，最低值为 -232.54；香港地区符合搜索条件的公司共有 9 家，其中位值为 13.46，最高值达 97.56，最低值为 -82.49。

表 11-4 现有 EV/EBITDA 的估值倍数

汽车行业四级	企业价值/EBITDA（倍）
比亚迪 002594.SZ	19.55
比亚迪股份 1211.HK	21.96
沪深（29）	
最高值	330.69
最低值	-232.54
中位值	16.51
平均值	17.32

续表

汽车行业四级	企业价值/EBITDA（倍）
香港（9）	
最高值	97.56
最低值	-82.49
中位值	13.46
平均值	11.86

资料来源：Wind 资讯。

比亚迪在公司主营产品的分布及其生命周期、国家近期（至少到 2020 年）的政策支持、其行业门槛较高以及完善的公司产业链等方面表现较为突出，故而在其倍数调整时，在现有的基础上相应调高其倍数。最终，在反复估算下，将其倍数选取范围固定在 30~60 倍，主要选取在 45 倍左右。

三、比亚迪相对估值法的估值结论

通过对数据整合，得出 EBITDA 与 EV/EBITDA 的敏感性分析结果，如表 11-5 所示。根据主要取值得出比亚迪的企业价值为 4828.78 亿元，其至少应评估为 1976.29 亿元，至多可以达到 9013.72 亿元以上。

表 11-5 EBITDA 与 EV/EBITDA 的敏感性分析　　单位：千元

EV/EBITDA	EBITDA			
	6587641	7418522	10730621	15022869
30	197629230	222555660	321918630	450686070
35	230567435	259648270	375571735	525800415
40	263505640	296740880	429224840	600914760
45	296443845	333833490	482877945	676029105
50	329382050	370926100	536531050	751143450
55	362320255	408018710	590184155	826257795
60	395258460	445111320	643837260	901372140

复习思考题

1. 简述 EV/EBITDA 和市盈率估值的联系与差异。
2. 请选择一家公司使用市销率进行估值。
3. 比较市盈率估值和市销率估值的联系与差异。
4. 选择一个公司训练一下报告中相对估值的财务预测部分。

参考文献

一、中文参考文献

[1] 张先治,等. 企业价值评估:第3版[M]. 大连:东北财经大学出版社,2017.

[2] 苏金玲,杨云峰. 高速公路资产价值评估方法比较研究[J]. 长安大学学报(社会科学版),2013,15(3):39-43.

[3] 杨伟光. 商业银行次级债的发行定价研究[J]. 时代金融,2013(32):154,157.

[4] 黄志宏,郭菁晶,李善民. 管理者能力、制度环境与企业价值——基于中国证券市场制度变迁的视角[D]. 北京:中央财经大学,2021.

[5] 蒋丹,张林荣,蒋仕益. 品牌价值对公司价值影响研究[J]. 价格理论与实践,2019(11):117-120.

[6] 吕敏康,冉明东. 广告投入、媒体中介与企业价值[D]. 厦门:厦门大学,2016.

[7] 闫明杰. 管理者能力对企业品牌价值的影响研究综述及展望[J]. 财会月刊,2020(17):101-103.

[8] 袁胜军,黄雪梅,胡甲滨. 品牌价值对企业财务绩效的影响研究

[J].会计之友,2020(14):128-135.

[9]焉昕雯,孔爱国.管理者能力对企业价值的提升效应——基于市场竞争与地方保护的视角[D].上海:复旦大学,2021.

[10]张红伟,杨琨,向玉冰.宏观经济周期、企业生产与股票资产定价[J].金融市场,2017(5):76-85.

[11]周兰,刘璇.宏观经济波动、经营负债与企业价值[J].东岳论丛,2016(3):133-142.

[12]张天舒,张海明.名人代言对企业价值影响的研究——来自上市公司的经验证据[D].北京:中央财经大学,2020.

[13]张瑞旭.品牌价值视角下零售企业营销能力与企业价值的互动关系研究[J].商业经济研究,2021(12):113-116.

[14]周晓光,黄安琪.管理者过度自信、税收规避与企业价值[J].研究探索,2019(11):92-97.

[15]汪海粟.企业价值评估[M].上海:复旦大学出版社,2005.

[16]谢磊,袁艺.上市公司资本结构行业差异分析[J].财会月刊,2006(12):20-22.

[17]沈剑飞.基于响度估值法的"大唐发电"价值评估[J].财会月刊,2014(7):72-74.

[18]刘新梅.上市公司价值评估贡献因子研究——基于财务稳定性视角[J].会计之友,2014(35):25-29.

[19]田月昕,冯庆花.上市公司研发支出对企业价值影响的实证研究——来自生物医药行业数据[J].财会通讯,2014(15):134-139.

[20]胡晓明,赵东阳,孔玉生.企业异质与可比公司赋权——基于并购的非上市公司估值模型构建与应用[J].会计研究,2013(11):53-59.

[21]胡晓明,滕森.权益乘数驱动因素对估值影响的研究[J].南京财经大学学报,2013(4):75-81.

［22］胡晓明,孔玉生,赵弘. 企业估值中价值乘数的选择:基于行业差异性的研究[J]. 审计与经济研究,2015(1):66-73.

［23］甄兆静,敖诗文. 文化创意企业股票估值:以皖新传媒为例[J]. 财会月刊,2013(4):73-75.

［24］韩雪,刘尧远. 修正市盈率法在拟上市公司估值中的应用[J]. 财会通讯,2013(12):56-58.

［25］赵益康,郝洪. 相对估值模型应用实证研究[J]. 财会通讯,2013(11):50-51.

［26］张鼎祖,彭莉. 企业价值评估市场法的改进[J]. 统计与决策,2006(10):160-162.

［27］赵根宏,王新峰. 关于上市公司资本结构行业特征的实证分析[J]. 金融与经济,2004(8):26-28.

［28］郭鹏飞. 中国上市公司增长的行业特征[J]. 数理统计与管理,2003(10):74-78.

二、英文参考文献

［1］Damodaran A. The Dark Side of Valuation[M]. FT Press,2013.

［2］David Frykman,Jakob Tolleryd. The Financial Times Guide to Corporate Valuation[M]. Mechanical Industry Press,2003.

［3］Jerald E. Pinto,Elaine Henry,Thomas R. Robinson,John D. Stowe. Equity Asset Valuation[M]. Mechanical Industry Press,2004.

［4］Michelle R. Clayman,Martin S. Fridson,George H. Troughton. Corporate Finance a Practical Approach[M]. 2012.

［5］Stephen A. Ross,Randolph W. Westerfield. Coprorate Finance[M]. Mechanical Industry Press,2012.

［6］Rayenda Khresna Brahmana,Chee-Wooi Hooy. The Equity Valuation Accuracy among Multiple Screening Models:A Study from an Emerging

Stock Market[J]. International Business Management,2011(5):50 - 57.

[7] Vans F. C. , Bishop D. M. Valuation for MA:Building Value in Private Companies [M]. USA: Elsevier Science,2001.

[8] Aswath D. Investment Valuation:Tools and Techniques for Determination the Value of Any Asset [M]. New Jersey: John Wiley & Sons, Inc,1967.

[9] Rist Michael, Pizzica Albert J. Ratios Description[J]. Financial Ratios for Executives,2015(6):87 - 105.

[10] Sahoo S. ,Rajib P. Comparable Firm's P/E Multiple and IPO Valuation:An Empirical Investigation for Indian IPOs[J]. Decision,2013,40(1 -2):27 - 46.

[11] Nissim Doron. Relative Valuation of U. S. Insurance Companies [J]. Review of Accounting Studies, 2013(18): 324 - 359.

[12] Abel Andrew B. , Eberly, Janice C. Investment, Valuation, and Growth Options [J]. Quarterly Journal of Finance, 2012(1):1 - 32.

[13] Syed Umar Farooq,Subhan Ullah,Waqar Alam,Amjad Ali Shah. The Performance of Equity Valuation Models for High and Low Intangible Companies—A Case of United States [J]. European Journal of Economics,Finance and Administrative Sciences,2010(20): 141 - 161.

[14] S. R. Vishwanath. Valuation Using Multiples[J]. Investment Management,2009(2): 261 - 281.

[15] Mutiples and Their Usw for Equity Valution on Europran Capital Markets[J]. Theoretical & Applied Economics, 2008(8):220 - 228.

[16] M. Firth, L. Chen, S. M. L Wong. Leverage and Investment Under a State - owned Bank [J]. Journal of Corporate Finance,2008(3):642 - 653.

[17] Lending Environment: Evidence from China[J]. Ssrn Electronic Journal,2008, 14(5):642 - 653.

[18] Cheng C. S. A., Mcnamara R. The Valuation Accuracy of the Price – Earnings and Price – Book Benchmark Valuation Methods[J]. Review of Quantitative Finance and Accounting, 2000,15(4): 349 – 370.

[19] Alford A. W. The Effect of the Set of Comparable Firms on the Accuracy of the Price – earnings Valuation Method[J]. Journal of Accountancy, 1992,30(1):19 – 23.

[20] Lev B. Industry Averages as Targets for Financial Ratios[J]. Journal of Accounting Research, 1969,8(7):290 – 299.